超IQ革命

人間の天才力を引き出す驚異のメソッド

Everyone can extend the intelligence quotient. The intelligence quotient revolution and it are the revolutions in the head to which everyone can extend the intelligence quotient by training fast.It can change into the development of the life in the revolution by the intelligence quotient revolution.

Henmi Hirotada　Henmi Ruiko
逸見浩督・逸見宙偉子［著］

総合法令

筑波大学名誉教授村上和雄氏と

前カリフォルニア大学学長ジョーペース氏一家と

世界５０ヵ国に展開するT.P.I会長ルー・タイス氏夫妻と

アメリカ・シアトルで学者、実業家の前での講演風景

ワシントン州立大学元学長テリル博士と

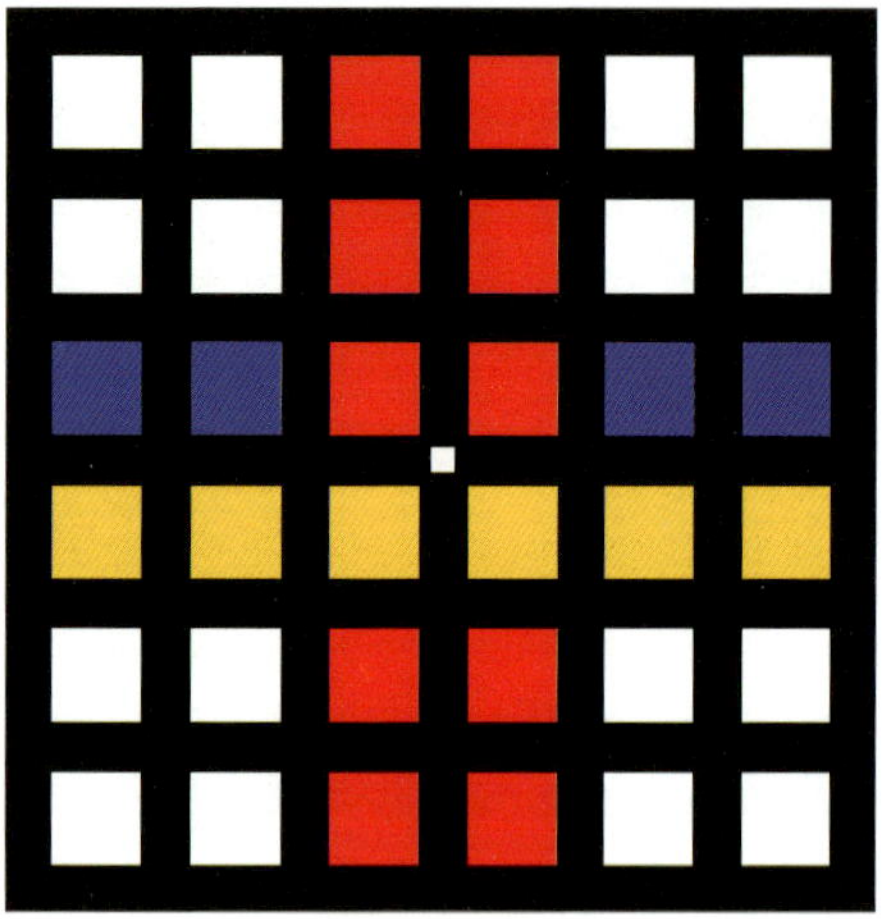

口絵 1

口絵 2

口絵３

口絵 4

10000輪のアサガオ

（本文P290～参照）

序文

筑波大学名誉教授　村上和雄

私が、逸見夫妻に初めてお会いしたのは、二〇〇一年一一月、岐阜県にある長良川国際会議場で行われた『ＴＰＩ世界大会』の会場でした。

私は、その大会で基調講演を担当し、逸見夫妻は、分科会の講演を担当していました。出講講師のみが参加できる事前講演で、私はへーグルの教育についての話を直接聴くことができました。

その時、素晴らしい成果をあげている教室だなあと、感心しました。その後、教育新聞主催での対談インタビュー記事（二〇〇二年二月一四日号）の取材があり、さらに深い話をさせてもらう機会に恵まれました。

逸見夫妻が主宰している教育は、単なる能力開発ではなく、人間の心を含めた全人教育をしていることが、私にとってはとても共感できる部分です。

私の専門分野は、遺伝子の研究ですが、研究を進めれば進めるほど、人間の意識というものが、さまざまなことに関わっているということがわかってきます。科学といえども、その裏にはもっと深い、未知なる世界が存在しているということを実感します。

それは、まさに逸見夫妻が真剣に取り組んでいる、子ども、人間の未知なる能力の開発というテーマと合致する部分が多く、とても共感できるのです。

潜在能力の開発とは、各個人の中に眠っている遺伝子をONにすることであり、逸見夫妻が主宰する「ヘーグル教育」は、まさに遺伝子ONの手法をあみだしたという画期的な方法だと思います。

二〇〇二年二月一七日には、ヘーグル立川本部校に伺って、右脳が開けたという子どもたち一〇〇人以上が集まる会に出席しましたが、とにかくすごいパワーでした。実際に目の前で子どもたちの成果を見ると、目を疑うような光景がいくつもありました。

でも、遺伝子がONになれば、こんなことも可能であろうと私はすぐに理解できました。いまの子どもたちは、時代の流れが速く、私たちの時代では考えられないような適応能力が求められます。このような時代には、子どもの感性と才能をしっかり伸ばしていける教育が必要なのです。

ヘーグルの教育は、そんな新しい時代のリーダーを作り出す教育であると思います。

これからも、科学者として見守っていきたいと思うと同時に、一人の人間として応援していきたいと思います。

二〇〇七年六月吉日

まえがき

「超ＩＱ革命」とは、人間開発そのものです。

人間の知性、才能はどこまで伸ばすことができるのか。これは、人類の命題であり、永遠の課題でもあります。

「歴史は繰り返される」といわれます。なぜ、繰り返されるのか。それは、人間にはどこか足りないところがあって、そのバランスを崩してしまうからです。

しかし、本物の知性というものが存在したとして、すべてのことが総括的に見て理解することができるとしたら。

瞬時に物事の本質をとらえることができ、的確な対処ができるとしたら。

そんな夢のような話のはじまりがこの「超ＩＱ革命」です。

人間の潜在意識には、無限の可能性があるとよく言われます。でも、どうしたらその力が使えるようになるのか。その奥深い謎の扉をこの本をお読みになることによって一つ一つ開けていくことになります。

数年前に、アメリカのシアトルで、教育者や実業家の前で私たちが講演をする機会がありました。その中には、ワシントン州立大学元学長、テリル博士や、カリフォルニア大学元学長のジョーペース博士もおられました。

講演の後にお話をしましたが、どちらの先生も、この教育に驚嘆されていました。「まだ信じられない部分は確かにあるが、人間の潜在能力という観点からすると、単に否定できるものではなく、非常に興味深いものである。科学は、まだまだ未知であったり解明できない部分があるのは事実であり、そういった意味では、人間の可能性を開くことに対して実際に貢献できる教育法という存在は、とても貴重なものである」とおっしゃっていました。

今回、推薦文をいただいた筑波大学名誉教授の村上和雄博士も、この教育に大変な関心を示され、応援していただいています。

この教育法が、子どもたちや親御様の選択肢の一つとして広く認められ、子どもの才能を伸ばす一助となることができたら、といつも願っています。

この本の印税の一部は、セーブ・ザ・チルドレンに寄付させていただくことにしました。少しでも多くの子どもが幸せに恵まれますようにという願いをこめて、本書がそんな助けの一つとなれれば幸いです。

逸見 浩督
宙偉子

超IQ革命——もくじ

第一章 —— 人間の能力には限界がない！ —— 19

編集協力　アトミックフリー
キーツ・プロダクション
図版・本文イラスト　大塚弘子
装幀　岩瀬聡
目次・章扉デザイン

第一章

人間の能力には限界がない！

「超ＩＱ革命」宣言

だれでも「ＩＱ」を伸ばせる！

「超ＩＱ革命」、それは、トレーニングで「ＩＱ（知能指数）」をだれでもどんどん伸ばすことができるという「頭の中の革命」です。

これまで、「ＩＱ」は「生まれつきのもので、向上することはない」と考えられていました。けれども、この「常識」は完全に打ち破られました。

子どももおとなも「ＩＱ」は伸びます。しかも、びっくりするほど。「ＩＱ」が伸びるだけでなく、勉強の力も記憶力も、仕事の能力も伸ばせます。そして、「人生の展開そのもの」まで革命的に変化させることができるのです。

本書は、「ＩＱ」を伸ばすことによって「自分の中に革命」を起こし、「心のＩＱ＝ＥＱ」

も同時に成長させることで、本当の意味での「人生の天才」をどんどん創り出す、そんな教育と社会の創造についてのメッセージです。

あなたのお子さんの「天才力」を引き出しましょう！

あなた自身の「天才力」も引き出せます！　そして人生を好転させましょう！

それが「超ＩＱ革命」です！

脳は、ふだん全体の３％しか使われていないといわれます。97％は、つねに休憩しているわけです。これは、どんなに優秀といわれる人でもほぼ同じで、脳をフルに使うということは、まずないのです。

このことは、人の脳には、だれにでも「使われていない力」＝「潜在的な能力」がものすごく隠されているということを意味します。

脳には「右脳と左脳」があります。右脳はイメージの脳、左脳は言語や論理、計算などをつかさどる脳といわれます。

この「右脳と左脳」の使い方、使うときのバランスの取り方に「ＩＱ」をグングンと伸ばし、能力を発揮する秘密があるのです。

脳の潜在パワーで驚くべき「能力」を発揮

「潜在能力」が引き出され、隠されていた力が存分に発揮されると、いったい、どんなことができるようになるのでしょうか。ちょっと「にわか」には信じられないことも含まれていますが、次のようなことが私たちのまわりでどんどん起こっています。

◎小四の女の子がピアノ演奏で、ある音楽大学の教授もはじめて聴いて驚いたほどの上達を見せ、その教授が直接指導しはじめている。女の子本人は「指がひとりでに動く」といっており、見事な演奏をする。
◎小六の子が、二日間で七冊の某大手進学塾のテキストを最初から最後まで記憶する。
◎小五の生徒が円周率五〇〇桁を三〇分間で完全に記憶する。
◎一五〇ページ以上ある、はじめて読む本を五秒間で速読し、内容を正確に書き出す。
◎一ヵ月に一万冊以上の本を速読で読む子どもの会が四〇〇人を超えている。

◎一〇秒間で数十個、「フラッシュ」のように映し出される三、四桁の数字を暗算する。
◎一九才の女子生徒が、偏差値が約八ヵ月間で四五から七一まで伸びた。家庭学習五時間のうち、三時間は左脳でやり、二時間は右脳を使う。すると、右脳二時間の勉強が、左脳でやる四八時間の勉強量に相当する量をこなす。
◎学校の授業を頭のコンピュータでビデオ撮りすることができ、それを高速再生して正確にあとで再現することができる。だから、テストも容易《たやす》くできる。
◎高校生の女子生徒が、いままで五時間かかっていた勉強を四〇分で仕上げるようになった。

こんなことが可能になっています。

これらのことは、いずれも「右脳と左脳」が活性化した結果、「潜在能力」によってできるようになりました。

驚異的な「記憶力」や「速読力」に関しては、頭の中に「写真」のようにテキストの映像や数字を焼きつけて、「イメージ」として記憶することで発揮できるようになるのです。

イメージの脳＝「右脳」を活用した方法です。

ピアノ演奏の上達は、理由がよくわかりません。本人にもわからないのです。「右脳と左脳の活性化」をおこなって、「ＩＱ」を伸ばしたことで、やはり「潜在能力」が爆発的に発揮されだしたとしか思えません。

「休憩している脳」をトレーニングして「活性化」することで、無限の可能性がどんどん開かれるのです。これは人生における「無限の革命」です。

「イメージ」はすごい力を持っている！

「潜在能力」を引き出す、というと「あまり科学的な話ではないんじゃないか？」と感じられる方もいるかもしれません。

なにしろ、「他人の脳の中」で起こっていることですから、他の人の目には見えません。それが本当に起こっているのかどうか、本人にしかわからないし、または、本人にもよくわからないことさえあります。

けれども、これは、「実際に起こっている」ことです。

たとえば、スポーツ選手でも、トップレベルの人になると、「ピーク・パフォーマンス」

と呼ばれる状態があります。

効率的なトレーニングと、精神の集中で、自分の体の動きにまったくムダがなくなり、最高の動きができるという状態になるのです。このとき、試合前のイメージ通りにやったら、いつの間にか「金メダル」を取っていた、という話はたくさんあります。

たとえば、マラソンの高橋尚子選手のケース。高橋選手は、もともと一流の選手というわけではありませんでした。小出監督が「おまえならできる！　きっと勝てる！」と声をかけ続け、結局、金メダルを手にしてしまいました。

小出監督と高橋選手は、シドニー・オリンピックの前に、練習の他に二人でイメージ・トレーニングをしていたそうです。

そして、高橋選手は、レースの数日前に、なんと、「監督、表彰台には何を着ていけばいいでしょうか？」と聞いたというのです。走る前から、すでにイメージの中で金メダルを取ることを完全に信じ切っていたわけです。

プロ野球の名バッターの中には、好調なときにはピッチャーが投げたボールがホームベースのところで「打ってください」といわんばかりに、止まって見えたと語っている人もいます。

昔でいえば、剣術の達人などが同じような感覚だったのでしょう。剣を交える相手が、刀で斬りつけてくる前に、その刀の切っ先が描くであろう軌跡が、事前に「光る線」のようになって、はっきりと見えたといいます。

こうした話は、本当に一流を極めた人たちにはつきものの、一種の「伝説」です。もし、こうした能力がトレーニングによって、だれにでも発揮できるとしたら、「すごい！」と思いませんか。

右脳のイメージの力は、本来だれにでもあるものです。おそらくみなさんが考えているより、「すごいイメージ力」だと思います。ここで、右脳が持っている「すごい力」を実験してみましょう。

「梅干し」を想像しない

イメージすることのすごい働き

右脳と左脳を日常、意識して使いわけることはあまりないと思います。「右脳はイメージの脳、左脳は言語や論理をつかさどる脳」ですから、なにかのイメージを思い浮かべるときには、だれでも自然に右脳でイメージしています。

スポーツ選手が「イメージ・トレーニング」で使っているのも、おもに右脳です。「体を動かす感覚」や「手の感触」「足の感触」「目に入る光景」「音声」だったりと、「五感」をトータルにイメージします。

さて、ここで実験です。

「梅干し」を頭に浮かべてみてください。真っ赤で、シワシワで、塩をふいているあの「梅干し」。

その「梅干し」を丸ごと口の中に入れてみましょう。「スッパイ！」

思ったより「スッパイ梅干し」です。

いかがでしょうか。イメージをしたことで、口の中にツバがたくさんでてきたのではないでしょうか。

ここには実際には「梅干し」はありませんね。けれども、イメージすることでツバがでてくるのです。これはよくよく考えるととても不思議なことです。右脳でイメージしたことが、すぐに体に影響をおよぼすのですから。

右脳でイメージしたことが体に影響するのであれば、「プラスのイメージ」とか、「なにかいいこと」をイメージすることで、体の働きをより高めることができるのかもしれません。

これは「すごい力」だと思いませんか。

右脳には否定形が存在しない

それでは、左脳の働きはどんなものでしょう。左脳は「言語」、つまり、耳で聞いた「ことば」を理解するときなどに使われますね。

再び実験してみましょう。

もう一度、「とってもスッパイ梅干し」を口の中に丸ごとポイッと、入れたところを**想像しない**でください。

いかがでしょう。「想像しない」のですよ。

「想像しない」ということばの前に、イメージで「梅干し」を想像してしまいますから、やはりツバがでてきたのではないでしょうか。

「梅干し」は一度イメージしたから、新鮮さがなかったかもしれませんね。

それでは、今度は、黄色い「レモン」はどうでしょう。

黄色い、みずみずしいレモンを、半分に切って、そのレモン汁を口の中いっぱいに入れたところを**想像しない**でください。

やはり、ツバがでてきたのではないでしょうか。

いいですか？「想像しないでください」ですよ？

右脳でレモンのイメージを思い浮かべて、口の中に入れたところを想像してしまうと、「ことば」では「想像しない」といっても、どうしてもツバがでてきてしまうのです。

これがじつは、右脳の働きの特色なのです。「右脳には否定形が存在しない」ということです。

左脳で、いくら「否定のことば」を意識しても、右脳でいったん「映像」としてイメージすればもう「否定されない」のです。じつは、このことから、右脳をうまく活用することで、いままで使っていなかった能力が引き出されるのではないか、ということが考えられます。

右脳と左脳の役割

「緊張しないぞ」という「自己暗示」は有効か？

「梅干し」と「レモン」の実験で、右脳のイメージの「すごい働き」を少し感じていただけたでしょうか。

スポーツのイメージ・トレーニングでは、右脳をうまく活用することで本人が思っていた以上の力＝「潜在能力」を発揮することを目指します。

では、たとえば「失敗しないようにしよう」「緊張しないようにしよう」という「ことば」を自分に言い聞かせると、なにをイメージしますか。じつは、「失敗している自分」、「緊張している自分」を右脳ではイメージしてしまうのです。

これでは、どうしても「失敗してしまう」「緊張してしまう」という結果を招きやすくなります。ことばでは「失敗しない」といっても、頭の中には「失敗する自分」のイメージしかないのですから。

人前で慣れないスピーチをしなければならない、といったときに、「緊張しないようにしよう」と「ことば」で考えて、なんとかスピーチをはじめたとしましょう。この場合も、右脳では「緊張している自分」をイメージしてしまいます。

あっ！　スピーチの途中で、「ウッ！」と「ことば」に詰まってしまいました。急に心臓がドキドキしてきました。

すると、頭の中では「まずい、自分は緊張している！」と「ことば」で考えてしまいます。すると、この瞬間に、右脳の「緊張している自分」の「イメージ」と、左脳の「緊張している！」という「ことば」がピッタリ一致してしまいます。

こうなると、「右脳のイメージと左脳のことばが一致した」ことで、「ものすごい緊張状態」に一気に「どどーん」と陥ってしまい、それ以上スピーチがまったく続かなくなったりします。

これは、ときどき見かける光景ですが、スピーチをしている人が、あるところまではなんとかふつうに話せていたのに、ちょっとしたきっかけからことばに詰まって、それ以降、

「〜しない」というイメージはできない

うまく話せなくなったりします。

あの現象は、「右脳と左脳が、悪いイメージとことばで一致してしまった」ために起こったのです。

ここでの左脳の働きは「自分は〜しないぞ」という「自己暗示」の機能ということができます。

右脳の「すごいイメージ力」と左脳の「ことばの自己暗示力」が結びついたときには、どうやら強力なパワーが発揮されそうだと思いませんか。

「成功するイメージ」を「成功体験」で強化

では、どんなふうな「右脳と左脳の使い方」をすれば「イメージと自己暗示」がうまくいくのでしょうか。

それには、まず「失敗」「緊張」ではなく、ポジティブな「成功する自分」「リラックスしている自分」のイメージを右脳で映像として見て、同時に「ことば」でも言い聞かせればいいのです。

スポーツでも、勉強でも、仕事においても、この「イメージ・トレーニングの基本」は同じです。

「失敗しないようにしよう」というイメージと自己暗示でトレーニングをしたグループが、一〇回やったうち二回しかうまくいかないとします。それは、一〇回に八回は、「失敗したイメージと自己暗示」で失敗していることを意味します。

ということは、一一回目に再チャレンジするときに、「失敗したイメージと自己暗示」のほうが浮かんでしまえば、また失敗するでしょう。

ところが、「うまくいくぞ。成功するぞ」というイメージと自己暗示でトレーニングをしたグループだと、最初はやはり一〇回に二回の成功率だったとしても、一〇回に二回は「成功したイメージと自己暗示」でみごとに成功しているのです。

一〇回目の、この段階までの結果だけを見ると、どちらのグループも「成功率は20％」で同じなのですが、ここからの伸び方がまったく違ってきます。

「成功したイメージと自己暗示」で成功したときには「やったー！　イメージ通りにうまくいったぞ！」という喜びの体験とともに、新たな「成功」のイメージを得ることができます。

それは、その瞬間から「成功体験」となって、右脳により深く強い「成功のイメージ」として残ります。

手にも、足にも、体全体にも、「成功したぞー！」という興奮の感覚が強く残っています。それは「成功のイメージ」を補強します。

次の一一回目のチャレンジで、この「成功体験」で強化された「成功したイメージと自己暗示」が浮かんでくれば、成功する割合がより多くなります。そして、どんどん成功する回数が増えていくでしょう。

「イメージ力」によって、潜在能力が引き出されたのです。

「うまくいくイメージ」「成功するイメージ」で「潜在能力」を引き出す、こうしたイメージ・トレーニングが「ポジティブ・シンキング（肯定的な考え方）」によるトレーニングです。

「右脳と左脳」それぞれが持つ特徴を利用して、その働きを活性化し、そのバランスをコントロールすることは、身体能力にもかなり大きな影響を与えるわけです。

この「潜在能力」の開花が、「超ＩＱ革命」へのささやかな第一歩です。

「キツイ」を「楽しい」にする方法

右脳と左脳の使い方、とくに右脳のイメージの使い方を身につけることが、「隠れていた能力」発揮のポイントであることはおわかりいただけたでしょう。

左右の脳の使い方、バランスをコントロールし、脳全体の「性能」をよくすることが、「潜在能力開発」です。

もう一つ、「イメージのすごい力」のお話をしましょう。

スポーツにも勉強、仕事にも「キツイこと」というのがあります。この「キツイこと」の考え方も、他のとらえかたができます。

だれでも、「キツイ練習はいやだ」と感じますね。これをまったく逆に、「過酷なトレーニングは楽しい」と考えることができるのです。

「キツイ、つらい、厳しい」トレーニングをどうしてもしなければならないとき、あまりに「キツイ」ときには、「先生、このトレーニング、キツイです〜。つらいですよ〜」といいたくなることがあるでしょう。

ここで、一つのルールを作ります。「キツイ、つらい、厳しい」ということばの代わりに、

「楽しい」というようにするのです。

本当に「つらそう」な態度でいってもかまいません。ただ、使うことばを「楽しい」にするだけでいいのです。

「先生、このトレーニング、楽しいですよ～。もう、楽し過ぎちゃって～」と口にします。するとと先生も「そうか！　そんなに楽しいか！　じゃあ、今日はもっと楽しませてやるぞ！」と応じます。

単に「ことば」を代えるだけなのですが、これによって、右脳も左脳も「楽しいというイメージと自己暗示」に変わってしまうのです。

すると、どういうことが起こるでしょうか。

なんと、「キツイ」はずのトレーニングのマイナスの影響が、体にはほとんどでなくなるというのです。

じつは、「楽しい」とイメージし、「楽しい」ということばを発して自己暗示ができたときに、頭の中では「アルファ波」の脳波が多くでている状態になっていることがわかっています。

スポーツ・トレーニングのメソッドでは、脳波が「アルファ波」になっているとき、右

左脳と右脳のはたらき
イメージのすりかえが成功への近道

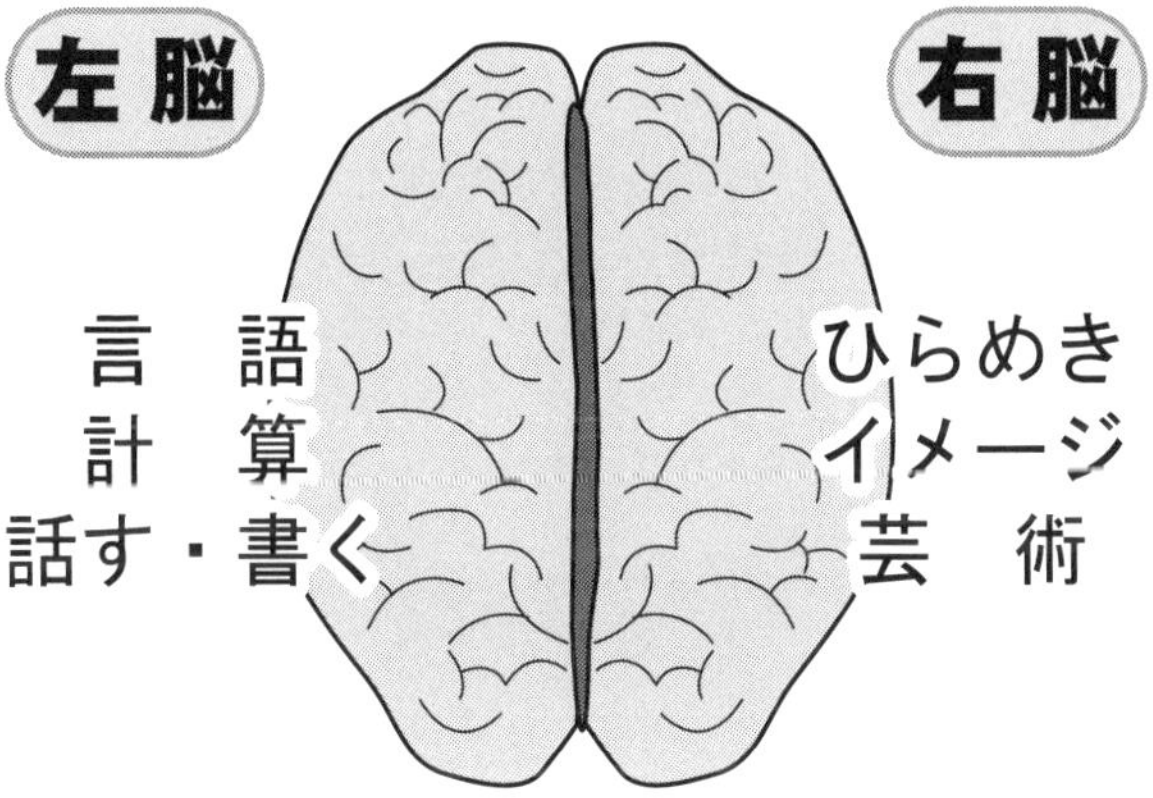

脳が活性化されながら、体も効率的に動かせて、トレーニング効果が上がるということがよく知られているのです。

トップクラスのスポーツ選手は、脳波計まで用意して、どうすれば脳波を「アルファ波」にして、トレーニングの効果を上げるかということを徹底して追求しているのです。「ネガティブ（否定的）な考え方」をすると、脳の中ではあっという間に別の脳波＝「ベータ波」が多くなり、精神的にも緊張して体もこわばり、頭脳も体も思うように動かなくなってしまうのです。

ところが、「楽しみながら」、トレーニングやプレーをすることで、脳波は「アルファ波」になり、気持ちも体の状態も「ポジティブ」な方向に変化するのです。

「潜在能力」を発揮することとは、「脳」も「体」も「ポジティブ」に働くようにすることなのです。

「アルファ波」「ベータ波」の特徴など、脳波についてはのちほどもう少し詳しくご説明しましょう。

天才とは何なのか？

得意分野をとことん追求する～劣等生だったアインシュタイン

天才とは、「ＩＱが高い人」であることに加えて、実際に「潜在能力」を発揮でき偉大な仕事を数多く成し遂げている人のことをいうのでしょう。

天才といえばその名前を思い起こす人の一人として、アルバート・アインシュタインがあげられます。四二歳でノーベル物理学賞を受賞し、特殊相対性理論など数々の業績を残しました。

アインシュタインは、「じつは劣等生だった」と伝えられています。彼は、五歳まではあまりことばを話さなかったといわれ、学校に上がっても、とくに歴史や外国語などの学科がまったくの苦手で、当時のあだ名は「のろま」だったともいわれています。

中学校のラテン語の教師からは、「将来、ろくなものにならない」といわれたという話も残っています。

しかし、子どものころからアインシュタインにはむずかしい数式をスラスラ解くことができるという長所がありました。ただ、スイスのチューリッヒ連邦工科大学に一浪したのちにようやく入学してからも興味のない物理の実験は最低の成績で、自分の好きな科目ばかりに熱中したといいます。

アインシュタインは徹底的に自分の得意な部分、好きなことに集中して、その能力を限りなく伸ばしたのです。

世の中の親は、たいていの場合、積極的に勉強をして、成績がよく、親や先生のいうことをよくきく子どもを「よい子」としがちです。

反対に、ろくに勉強をせず、成績も悪く、人のいうことをきかない子どもには、「悪い子」というレッテルを貼ってしまいがちですね。

ところが、世の中の「偉人」とか、「天才」と呼ばれている人は、子ども時代には、あまり「よい子」ではなかったケースが非常に多いようです。

アインシュタインをはじめ、ガリレオ・ガリレイ、モーツァルト、ライト兄弟、レオナルド・ダ・ヴィンチ、ジョン・レノン、Ｊ・Ｆ・ケネディ、トーマス・エジソン、坂本龍馬などは、ＡＤＨＤだったのではないかといわれています（参考『ひらめきすぎる人々』ロクスケ著／ＶＯＩＣＥ刊）。

ＡＤＨＤというのは、「注意欠如多動性障害＝Attention Deficit Hyperactivity Disorder」のことです。注意を集中できず、落ち着きがなく、衝動的な行動をとるといった症状を持つ情緒障害の一つです。

たとえば、先生が「自分の席に座ってください」と何度いい聞かせても、いつまでも落ち着かず、一分間も座っていられない、といった子どもなどが、この障害を持っていることがあります。

こういうタイプだった「偉人たち」の幼少期から少年期の生活は、周囲のおとなたち、とくにお母さんたちにとっては大変な負担だっただろうことが想像できます。

「一＋一＝二」か？　～トーマス少年の疑問～

世界の大発明王、トーマス・エジソンは、小学校での教育がどうしても本人に合わずに入学してすぐに退学してしまいました。その在学期間は、半年とも、三ヵ月くらいだったともいわれます。

トーマス少年は、学校での既存の教育についていけなかったというより、学校教育の発想そのものと違う独自の発想を持っていたようです。

彼は、病気のためにたまたま小学校に行くのが遅れ、八歳のときに入学しました。他の子どもたちより年上だったことも手伝ってか、なにかというと先生を質問攻めにして、困らせたそうです。

有名なエピソードが「一＋一＝？」の話です。

先生が教壇に立って「一＋一は二になります。わかりましたか」と教え、他の生徒たちは、「わかりました」といっているのに、トーマス少年一人が、「なぜですか？」と聞いたというのです。

先生としては困ってしまいます。算数の教科書には「一＋一＝二」以外の答はありませんから。

トーマス少年は、

「水がコップ一杯あって、もう一つのコップ一杯の水を足したら、一つになります。一＋

一は一になることもあるのではないですか」

などと反論したというのです。

これは、他の例で考えてみると、一立方センチの砂糖と一立方センチの水を足しても、砂糖が水に溶けて、二立方ヤンチにはなりません。確かに、トーマス少年はとてもいいところに注目していたのです。

算数の計算は、実際には「絶対正しいとは限らない」ということに、彼は気づいていたのでしょう。こういうかなり「個性的な」子どもだったので、先生とも友だちともうまくいかず、トーマス少年は数ヵ月で学校をやめてしまったわけです。

彼の好奇心や研究心は、学校に行かなかったことで、かえってのびのびと成長したのでしょう。

天才は、「努力」のたまもの？

学校に行く代わりにトーマス少年に勉強を教えたのは、元教師だったお母さんのナンシーでした。お母さんが有能な家庭教師の役目を果たしたのです。

トーマス少年は、母に勉強を習いながら、自分で自宅の地下室に「実験室」を作り、思う存分、好きな実験をしていました。

ナンシーはトーマス少年が実験でどんなに危険なことをしていても、けっしてやめさせようとはせず、彼の才能を開花させました。彼が失敗をしても「この子は天才だ」といい、彼を「信頼」し続けていたのです。

のちにエジソンは次のように語っています。

「今日の私があるのは、ひとえに母のお陰です。母は、私の気持ちをよく理解し、私の好きなようにのびのびと研究させてくれました」

この子ども時代の「実験」と「研究」の経験が、エジソンの数多くの発明品として結実したともいえるでしょう。

エジソンが発明した数千もの発明品の中でも、とくに有名なのが「白熱電球」です。この電球の開発中、「発光体」である「フィラメント」さえうまく作れれば完成するというときに、エジソンは、金属類をはじめ、綿糸、紙、木など、あらゆる材料をカーボン素材にして「フィラメント」として光らせる実験をおこないました。

ところが、数千種類の物質で実験しても、なかなか結果がでませんでした。そのため周

アルバート・アインシュタイン
（写真：ＡＦＰ＝時事）

トーマス・エジソン
（写真＝時事）

囲の人が、「それだけ試して成功しないのであれば、この研究は実現不可能なのではないか」といったそうです。そのときにエジソンは、こう語ったといいます。

「この世には五五〇〇種類の物質があるといわれています。私たちは、これまで三〇〇〇種類も試してきたのだから、あと二五〇〇種類試せばいいだけなのです」

エジソンの発想は、「ダメなこと」を数えるのではなく、「残る可能性」を「ポジティブ」に数える発想だったのです。こんな苦心を重ねて、なんと日本の京都の「竹」をフィラメントの素材として使うことで、ついに実験に成功し、一八七九年に白熱電球の発明に至りました。

エジソンのことばとして、もっとも有名なのが「天才は、1％のインスピレーション（ひらめき、発想）と、99％のパースピレーション（努力）である」というものでしょう。この「名言」の逸話には異説もあり、「1％のひらめきが大切だ」と語ったのだともいわれます。

いずれにしても、「1％のひらめき」から「残り99％の努力のパワー」を生み出していたということではないでしょうか。

こうした、「偉人たち」のような「型にはまらない人たち」がそれまでにないアイデアを考えたり、才能を発揮したりすることで、世の中に新しいものや素晴らしい発想が広められます。

ノーベル化学賞受賞者の田中耕一さんも「自分の好きなことに熱中するのがいちばん大切」と語っています。世界的な大発明・青色発光ダイオードを発明した中村修二さんも、実験成功に至るまでには、様々な困難を乗り越えて、新しいものを創り出すということにこだわりました。

「自分が夢中になれること」「好きなことに打ち込むこと」がもっとも「潜在能力」を引き出すともいえるでしょう。

天才は宇宙意識とつながっている

五一ページの三角形の意識の図を見てみましょう。

顕在意識というのは基本的に左脳の意識です。ゆっくり働き、そして少しずつ、一つ一つを順番に理解していきます。学校で勉強するときは、左脳を中心に使うため、進度はゆっくりです。

次に潜在意識。これは主に右脳につながっています。素早く、大量の情報を全体的に自動的に把握します。表には出ずに潜っている意識ですから、自分ではなかなか自覚できません。

一番基本的な機能は自分を守るということ。左脳にもこの機能はありますが、右脳の場合は、それを自動的におこないます。

たとえば、嫌な思いをしたらそこへは行きたくないという思い。これは考えているわけではないでしょう。靴を履く時、右から履くか、左から履くか、これも考えていないと思います。自動的です。

潜在意識の中でも一番顕在意識に近い潜在意識を個人の潜在意識といいます。この意識は、個人的な自分の過去の記憶です。自分が体験したすべての過去の出来事を記憶しています。ただ、それらすべての記憶を思い出せるか思い出せないかは、記憶の種類や強さによって変わります。

次の集合的潜在意識というのは、集団的に働く潜在意識のことです。

たとえば、いまの日本人は洋服を着ているのが当たり前ですが、江戸時代は着物を着て

意識の図

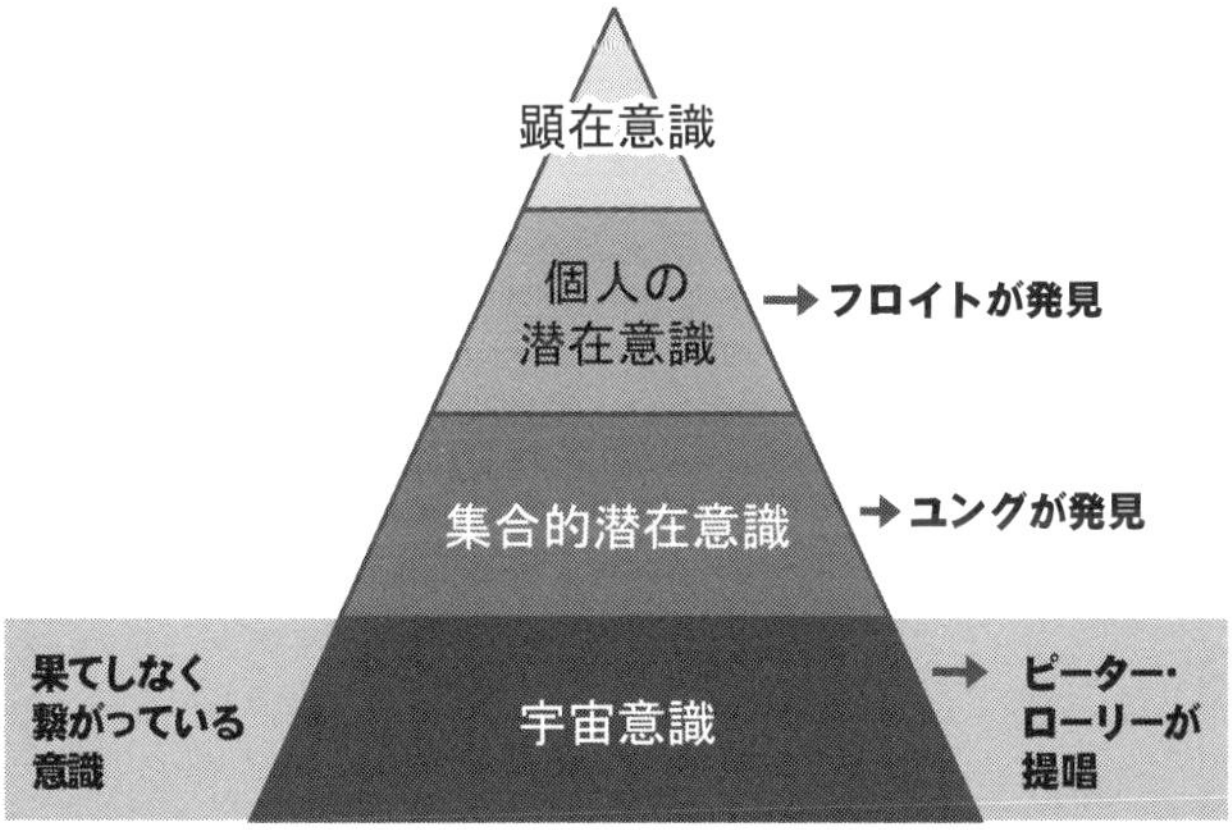

顕在意識
個人の
潜在意識
→フロイトが発見
集合的潜在意識
→ユングが発見
果てしなく
繋がっている
意識
宇宙意識
→ピーター・
ローリーが
提唱

いるのが当たり前でした。この当たり前という意識のことを集合的潜在意識といいます。

江戸時代に洋服を着ている日本人がいたら、みんなおかしいと思うでしょう。この判断基準は、この集合的潜在意識が決めているのです。

そして、一番下に宇宙意識というのがあります。大きさが全然違うのが図からもわかると思います。これが、「宇宙ワールド」「全知全能」といわれている意識です。実は、この意識はあらゆるものとつながっています。それをずっとたどっていくと、共感、共鳴、共通の意識、普遍的な意識というものに到達します。

モーツァルトが何千と作曲できたのは、宇宙で完成されたものを受信して書き写したといわれています。なぜなら、音符を書き出したときに、一度も書き直しがないからです。それを波動と考えると、人間が受信してそういう作曲ができるのだということが考えられます。

世界の人たちが「絶対に美しい」とか「これは素晴らしい」と感じ、芸術的価値を認めないと、その芸術作品は世界中に広がりません。世界で幅広く受け入れられる芸術作品は、この宇宙意識に共鳴、同調しているのです。

この宇宙意識を根っこと考えると、あらゆるものにつながっているので、この根っこのレベルであらゆるものが伝わっていくのです。だから宇宙意識と共鳴・共感することは、普遍的な共通意識なのです。

ある一人の人間が小手先の技術で作り出したものではなく、もともとそういった宇宙意識の波動と自分の波動が合って受信をし、作られたものが世界に通用するものになっていきます。

この同調していく力は、ごく一部の人、天才といわれる人が生まれつきそういうものを持っていて、それに同調していると考えられます。

この天才という言葉を「天」から与えられた「才」あるいは「才能」というように考えると、それぞれの人間の人生における役割といったものに気づくことができ、すると誰でも自分の役割である分野においては、ある意味天才になることができます。

有名になるかならないかではなくて、本当に天から与えられた才、これを成就させる。これがおそらく、意識革命、意識変化が起こるときに必要なことです。それに気づくと、変に他を責めることもなくなります。

つまりこれからの時代は、この宇宙波動というものにどれくらい自分自身が同調できるか、ということがポイントなのです。

人は、自分の能力をどれくらい使っているのか？

「IQの向上」の第一歩

天才といわれる人にもいろいろな人がいます。単純に「IQが高い」というだけではないかもしれません。けれども、共通していえることは、「興味のあること」「好きなこと」に「集中して取り組む」ということでしょう。

この「集中して取り組む」ということで「IQ」について頭の中でどんなことが起こるのでしょうか。

「右脳を活用すること」「左脳とのバランスをよくすること」で「潜在能力」が引き出されるとしたら、そこではなにが起こっているのでしょう。

これが、『超IQ革命』のポイントです。

そこで起こっていることは、「それまではできなかったことができるようになる」という「潜在能力」の開花です。

それは、「ＩＱが伸びる」ことをも意味します。

実際に、「右脳を活用すること」「左脳とのバランスをよくすること」によって、「ＩＱ」が向上しているのです。

ここからわかるのが、「右脳を活用し左脳も活性化したら、どうやらＩＱも向上して、勉強やスポーツ、仕事でいまよりいい結果が得られるかもしれない」ということです。

「右脳」はなんでも記憶している

現代の子どもたちは、学校での教育の結果として「左脳優位」になってしまっています。おとなは当然、左脳で思考するクセがついてしまっています。

そのために、左脳がつかさどる「読み書き」や「計算」、「論理的思考」が得意な人は多いのですが、「独創的なアイデア」や「まったく新しい発想」を生み出せる人がどんどん減っているように思えます。

いま、日本社会で求められているのは、この「独創的なアイデアや新しい発想」です。

社会全体で、それまでにない「ひらめき」が必要とされているのです。

以前のような、「仕事に遅れず、仕事を休まず、けれども、たいして働かず」といったタイプの、いわば「ことなかれ主義」の人は、これからの社会では求められていません。

一流企業では、新入社員に対して、右脳と左脳をその人がどれだけ使いこなしているかを判定するテストを取り入れるケースが増えています。

すでに触れたように、人は脳を3％くらいしか使っていません。残りの97％くらいは使われていないことが多いのです。

たとえば記憶力について考えてみましょう。

なにかの試験を受けたときに、試験場では思い出せなかった、解答の人の名前とか、地名、年号などを、試験が終わったあとで教科書や参考書で見直すと、「あ～、これだった！」と思い出しますね。

このとき、もし、脳が記憶をすっかり失っていたのであれば、試験のあとで見たときに、「あ～、これだった！」とは思わないはずです。脳がちゃんと覚えているから、「あ～、これだった！」と思い出すのです。

昔のことで、完全に忘れているようなこと、覚えているはずがないことなども、じつは、右脳はきちんと覚えています。

実家に久しぶりに帰って、何十年ぶりかに自分の子ども時代の品物を手にしたときなど、すっかり忘れていたはずの記憶がよみがえることがあると思います。まるで、昨日のことのように、ありありとそのときの光景が浮かぶのではないでしょうか。

たまたま何年ぶりかで聴いた曲が、十数年前の経験を思い出させるといったこともあります。人は、外部からのちょっとした刺激で、右脳に残されていた、はるか昔の記憶を思い起こすことがあるのです。

ということは、過去の記憶の取り出し方がわかれば、ふだんの記憶力も格段によくなるはずですね。

これこそ「潜在能力」の発揮につながるかもしれません。

人は、トレーニングで天才になる？

「潜在能力」と「ＩＱ」と「脳波」の関係

「ＩＱが高い人が天才」かもしれないけれど、そうとばかりもいえない。では、「超ＩＱ革命」のわかりやすいポイントはなんでしょうか。そのヒントが、先にちょっと触れた、「脳波」にあります。

脳波を「アルファ波」にすることで、スポーツなどでのイメージ・トレーニングの効果が非常に上がるというお話をしました。このことが、「潜在能力を発揮する」ということに深い関係があるのです。

「脳波が『ＩＱ』や潜在能力と関わりがある」といっても、自分の脳波を見たこともないし、なかなか想像できないかもしれません。

脳波の波形

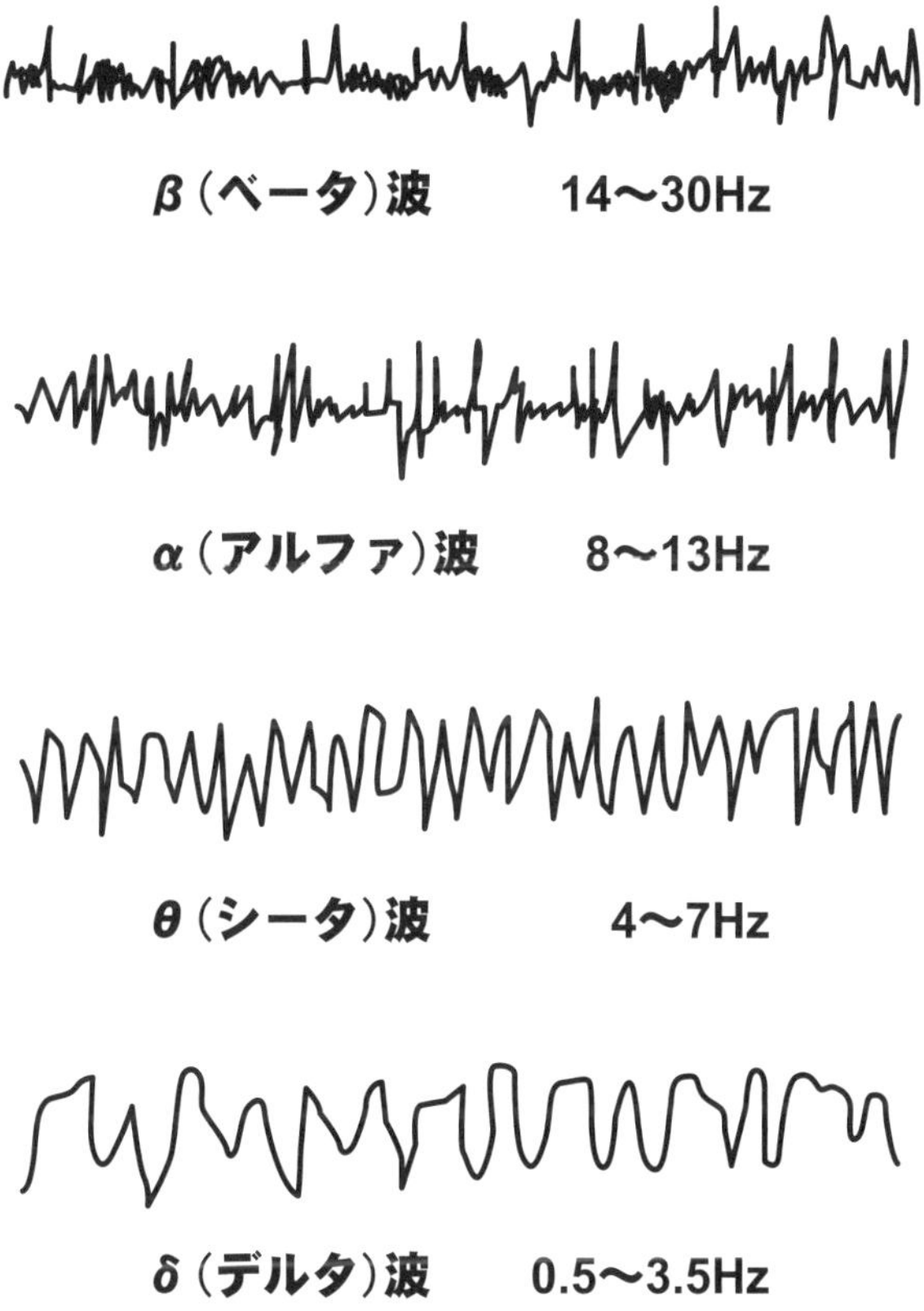
β（ベータ）波　14〜30Hz
α（アルファ）波　8〜13Hz
θ（シータ）波　4〜7Hz
δ（デルタ）波　0.5〜3.5Hz

脳波には、リラックスしているときにでる「アルファ波（α波）」、なにかに集中した状態のときにでる「ベータ波（β波）」などがあります。

この、「リラックスしているときにでるアルファ波」が、「超ＩＱ革命」の重要なポイントとなるのです。

プロ野球の名バッターが、好調なときにはピッチャーが投げたボールが止まって見えたというエピソードを紹介しましたが、そういうときには脳波が「アルファ波」の状態になっているといわれます。

サッカーのトッププレーヤーは、「試合中にフィールドにいるすべてのプレーヤーが、そちらのほうを見なくても、どの位置にいて、次にどんな動きをしようとしているかが感じられる」ともいいます。

これも脳波が「アルファ波」の状態になっているためだと考えられます。つまり、「イメージが非常に強く、敏感に、柔軟に働く状態」ということでしょう。自分の脳の中に、周囲で起こっていることがまるでマルチ画面のスクリーンでも見ているように客観的に見えてくるのです。

「呼吸法」と「姿勢」で「アルファ波」の状態に

脳波が「アルファ波」の状態になれるのは、そんな「達人」みたいな人だけだろう、と思われがちです。ところが、じつは、ごく簡単な方法で、だれでも脳波を「アルファ波」にすることができます。

「呼吸法」と「姿勢」にちょっと気をつけることで、「アルファ波」の状態にできるのです。呼吸法というと、むずかしく聞こえるかもしれませんが、本当に簡単な、ちょっとした方法です。

「腹式呼吸」が健康にもいい、と聞いたことはありませんか？　この「腹式呼吸」をすると、脳波は自然に「アルファ波」の状態になるのです。

呼吸とは、肺に空気を入れたり出したりすることですね。ふつうに呼吸をしていると、肺が自律的に広がったり縮んだりして空気を出し入れしています。これを「肺呼吸」といいます。

「肺呼吸」では、胸の肋骨が広がったり縮まったりすることで肺を動かしているので、ふつうに「肺呼吸」をしていると、両方の肩が上がったり下がったりします。鏡などに向

骨盤を前傾、背中にアーチ（直立）

骨盤を前傾、背中にアーチ（正座）

かって、よく肩を見ていると、ちょっとだけですが肩の位置（高さ）が動くことがわかります。

では、「腹式呼吸」ではどうするかというと、肺に空気を出し入れすることはもちろん同じですが、胸＝肋骨を開いた状態にして、「横隔膜」を上下させることで呼吸をするのです。

「腹式呼吸」ができていると、思いっきり息を吸っても吐いても、両方の肩の位置が動きません。これで、「腹式呼吸」になっているかどうかが簡単にわかります。

この「腹式呼吸」を、もっと自然にできるようにするには、「姿勢」に注目するといいのです。骨盤を少し前傾させて、背中に自然な「アーチ」を作り、胸が開くような姿勢をとります。横から見ると、少しお尻を突き出すような感じです。これで肩の力は軽く抜きます（六二ページ参照）。

骨盤が前にでると、お腹が前にでて、しかも、背中にアーチを作ることで肋骨が開き、横隔膜も動かしやすくなっています。この姿勢だと、ごく自然に「腹式呼吸」ができるのです。

背中が丸まって「猫背」のような姿勢だと、胸が開かないので、横隔膜を動かしても酸素が足りなくなるはずです。背中を軽くそらすくらいの感じで、胸を大きく開くことがコツです。

脳の働きを活性化して「天才」を引き出す

この「腹式呼吸」で「アルファ波」状態にする方法ですが、もっとずっと簡単な方法があります。

この姿勢は、そのまま床の上に座ると、日本古来の「正座の姿勢」になるのです。つまり、畳の上で正座をする日本式の生活をしていると、自然に「腹式呼吸」になって、脳波は「アルファ波」になり、脳の働きが活性化されていたということです。

正座が苦手な人は、座布団などを使って「あぐら」をかくような座り方をしてもOKです。同じように、骨盤が前傾し、背中がアーチを描き、胸が開くような姿勢さえとれればそれで大丈夫のはずです（六二ページ参照）。

「座禅」では、この日本古来の姿勢をとって精神を集中させます。それによって、脳波が「アルファ波」になって「潜在能力」がみごとに発揮されます。「座禅」で瞑想状態に入ることで、それまでまったく感じられなかった世界、自分の精神の内面などをありありと感じることができるようになるのです。

ところが、現代の生活では、イスに座ることが圧倒的に多くなっています。イスに長時間座っていると、骨盤は後傾し、背中は丸まってきて猫背のようになり、胸も狭まって肺呼吸しかできません。こうなると、脳の働きも充分ではなくなります。

ぜひ「呼吸法と姿勢」の実験をしてみてください。正座ならだれでも手軽に実験できます。いかがでしょうか？　といっても、脳波計がないことには、果たして脳波が「アルファ波」優勢になったかどうかがわかりませんね。

ただ、実験をしてみると、この「呼吸法と姿勢」だけでも、気持ちがリラックスできることがわかるのではないでしょうか。

これで「アルファ波」が優勢になって、脳が活性化し、「潜在能力」が発揮されるとしたら、それは「天才になる」ということに一歩近づくことだと思います。

ＩＱが変化する！

知能は遺伝以外の要因も大きく影響

ここまで、「潜在能力」と「右脳・左脳」、また「脳波」との関連についてお話ししてきましたが、「潜在能力が引き出されたからといって、ＩＱとはまた違うのではないか」という疑問も当然生まれるでしょう。

もし、「潜在能力」のトレーニングをすることで「ＩＱ」の数値が伸びれば、相関性があるといえるでしょう。その前に、「ＩＱ」とは、果たして「伸びる」ものなのでしょうか。「ＩＱ」の測定方法やその「能力」との関係の考え方にはいろいろありますが、ここでは、「いわゆるＩＱ＝知能」とご理解ください。「ＩＱ」についての考え方などは、次の第二章でご説明したいと思います。

「IQ」についての基本的な考え方だけ示しておくと、「IQ＝記憶力、計算力、理解力、イメージ力」であり、そこに、「EQ（感情の豊かさ）」をプラスして、トータルな「潜在能力」となる、と私たちは位置づけています。

小学生を中心とする子どもたちの能力を観察していると、「記憶力、計算力、理解力、イメージ力」は驚くほどの変化を見せます。その変化の素晴らしさについては第四章で詳細をご紹介したいと思います。

「IQ」は、「潜在力アップ＝さまざまな能力発揮」という目に見える形でも伸びていることがわかるのです。

医学的にはどう考えられているのでしょうか。

脳の生理学の専門家である浜松医科大学の高田明和教授は、著書の中で知能が遺伝以外の要因にも大きく影響されているという例をいくつか紹介しています（『脳から老化を止める』高田明和著／光文社）。

一九九一年に、アメリカのコーネル大学のセシ教授は、知能指数と学校教育を受けた年数の関係を調べ、「学校教育を長く受けた人ほど知能指数が高い」という結果を発表しているそうです。

高校卒業時には同じ知能指数だった学生でも、その後、大学教育を受けた学生のほうが知能指数が高くなっていた、という結果でした。

また、逆に「ＩＱ」がある要因で下がるというケースも紹介されています。

第二次世界大戦中に、ナチス・ドイツに占領されていたオランダの国民は、高等教育を受けられなかったのですが、戦後、「ＩＱ」の変化を調査したところ、この世代の人の知能が平均して７％以上も下がっていたといいます。

さらには、最近の研究によって、二〇歳になっても学校教育を受けることで知能指数が約３％向上する、ということもわかってきたとのことです。

脳細胞は増えるという「新発見」

それでも、「ＩＱ」は変わらないのではないか、伸びないのではないか、というイメージがあるかもしれませんね。

それは、おそらく「ある年齢に達したら脳細胞は増えない」という学説にも影響されているのではないでしょうか。

以前、「二〇歳を過ぎると脳細胞が毎日一〇万個ずつ減っていく」という説などが発表されたこともありました。これに大きなショックを受けた人もいるでしょう。「人間の脳は退化していくしかないのか〜」と暗い気分になったかもしれません。

じつは、高田明和教授の前掲書では、「脳細胞は増えるという新発見」が紹介されているのです。

脳には約一〇〇〇億の神経細胞をはじめとする計三〇〇〇億ほどの細胞があります。神経細胞のそれぞれにたくさんの突起があり、それがシナプスという構造でお互いにつながっています。

生まれてすぐの赤ちゃんの脳のシナプスは二五〇〇億ほどしかありません。一つの神経細胞あたりに二個から三個くらいのシナプスしかないのです。それが、生後、赤ちゃんは五感への環境からのさまざまな刺激で学習し、経験し、訓練することで、ものすごい勢いで増えます。

生後一年くらいにシナプスがもっとも多くなり、その後は整理されて減少します。

年齢を重ねたのちも学習したり訓練をすることで、シナプスはその都度、増えますが、脳細胞そのものは年齢とともに増えることはなく、減少していく一方だと一般的にいわれ

脳の断面とシナプス

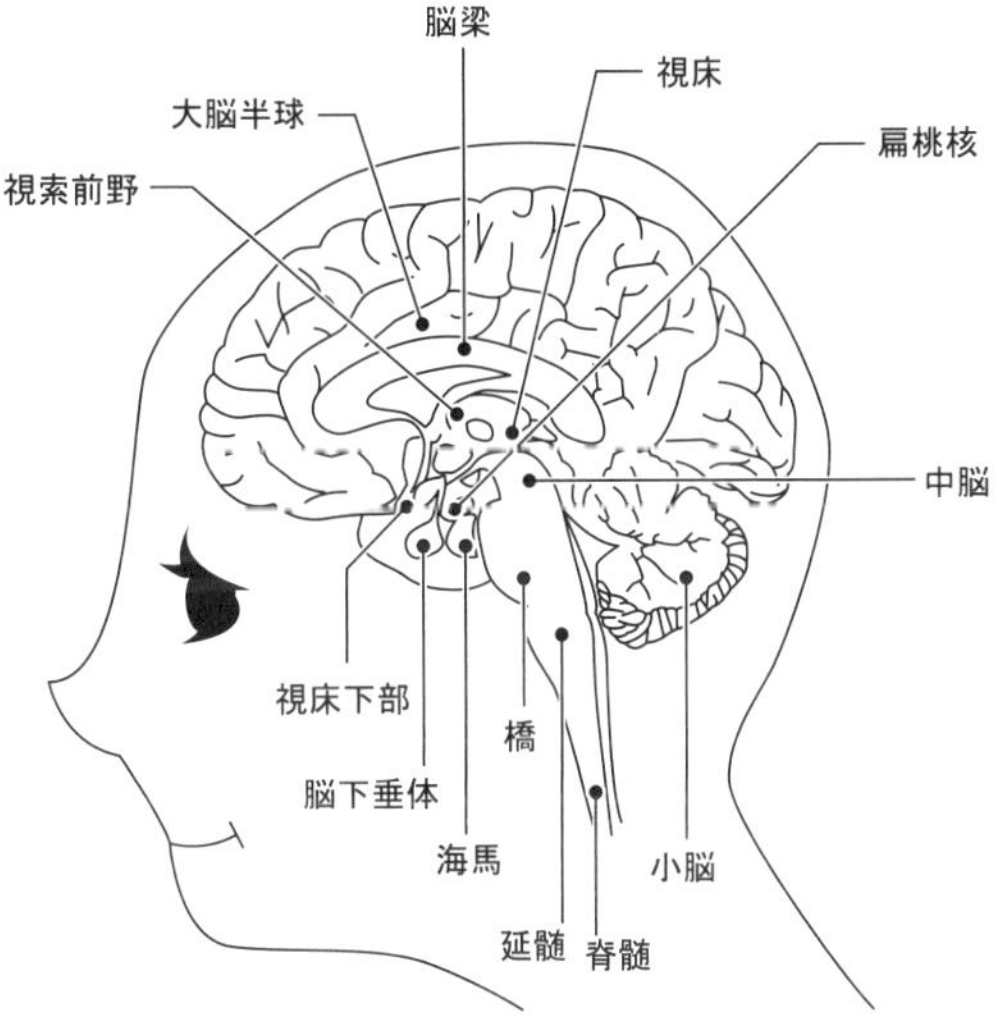

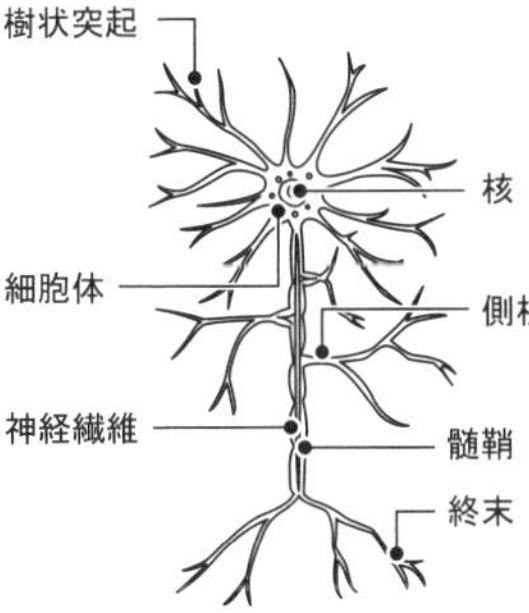

シナプスを形成

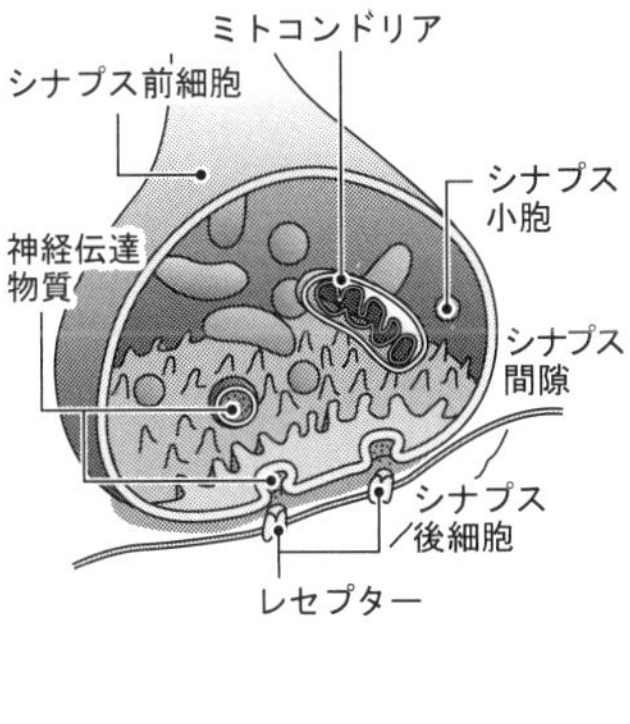

ていたわけです。

ところが、一九九八年にアメリカ・カリフォルニアのサーク研究所で新発見があったのです。研究所のエリクソン博士は、脳細胞の増殖を調べるために、末期ガン患者の脳に細胞分裂を測定できる物質を注射しました。

その結果、患者の死後、脳の中の「海馬」で分裂、増殖している細胞が発見されたのです。これによって「脳細胞は増えない」という定説は、明らかに間違いだということが証明されたわけです。

年を重ねても脳細胞が増えるとなれば、当然、シナプスもそれに応じてどんどん増えていくわけです。

脳に効果的な刺激を送り、右脳と左脳を活性化し、その働きのバランスをよくして、「潜在能力」を引き出せれば、その結果として、脳細胞もシナプスもどんどん増えそうに思えます。

もし、そうだとすれば、さまざまな「能力」＝「ＩＱ」がどんどん伸びても、まったく不思議ではないと思います。

知能は「胎内」でも伸びている

「ＩＱが伸びる」ということは、生まれたばかりの赤ん坊が、生まれる前の記憶を持っていて、生まれたときのこともじつは鮮明に記憶し、理解している、ということからも証明されます。

二歳から五歳くらいの子どもに、お母さんの胎内での記憶について聞くと、半分くらいの子どもが「温かくて気持ちよかった」「狭かったので足で蹴った」などといった記憶を話してくれるのです。

中には「生まれる前から、お腹の中でママとお話ししてたよ」と教えてくれる子どももいます。

いまでは、「胎教」ということばや概念は常識となっていますが、お腹の中の胎児が、すでに知能や記憶を働かせはじめているということは、西洋の科学・医学ではほんの数十年前に認められるようになったことです。

一方で、東洋にはすでに数千年前から「胎教」の考え方がありました。せっかく、「胎教」の考えがありながら、日本では近代になって西洋医学を全面的に取り入れ、「東洋医学は時代遅れ」とほとんど否定してしまったために、近年になるまで長らくその有効性が忘れられていたわけです。

「ＩＱ」、「知能」は遺伝ですべて決まるのではなく、胎内でもどんどん伸びている、ということが「胎教」の考え方です。お腹の中の赤ちゃんに、よい「胎教」をすることで、胎児の「ＩＱ」＝知能は伸びるのです。

ということは、生まれてきてからも、乳幼児は環境によって知能はどんどん伸びると考えるほうが、ごく自然ですね。

「右脳と左脳の活性化」→「潜在能力発揮」→「ＩＱがどんどん伸びる」→「脳がさらに活性化する」、このあとには、無限の進化が待っています。子どもの未来も、おとなの人生も、どんどん進化し、好転します。

さあ、いよいよ、「超ＩＱ革命」への扉を開けるときがきたようです！

第二章

「IQ二〇〇」の奇跡の秘密

全国から通う子どもたち

「IQ」がみんなグングン伸びる！

私たちがヘーグル＝逸見総合教育研究所（HEGL）でおこなっているのは、ここまでにご説明してきた、「超IQ革命」そのものの出発点といえる「右脳と左脳のトレーニング」のメソッドです。

そして、それによって「潜在能力」をどんどん引き出し、「IQを伸ばす」ことで、結果として「人生を革命する」というビジョンです。

胎教・〇歳児から小学生・中高生、おとなまでの「総合基本力」を伸ばすための教室を、ヘーグルは東京・立川で開いています。

ヘーグルのメソッドの目的である「総合基本力」とは、

・記憶力＝楽しく覚えられる力
・高速処理能力＝速く処理できる力
・理解力＝楽に理解できる力
・創造力＝創造性を発揮する力

この四つの力です。

この「総合基本力」をしっかりと身につけることが、これまでご説明してきた「右脳と左脳の活性化」による「潜在能力」の発揮、そして、「ＩＱ」そのものを伸ばすことにつながります。

へーグルには、小学生からおとなまで受けられる、「ＰＡＤ＝潜在能力開発講座」という「四日間」の初級講座から、中級、上級、までの講座があります。

この「ＰＡＤメソッド」の講座を受講したことで、数々のめざましい結果・成果が生まれています。

第一章でも紹介しましたが、次のような「現象」が、どんどん起こっているのです。

◎受講した高校生の83％が成績が向上した。
◎受講した高校生の43％が六時間で六〇〇語の英単語を暗記するという実績をあげた。
◎受講した小四生が東京都秋期小学生テニス大会で優勝。
◎小四の女の子がピアノ演奏で、ある音楽大学の教授もはじめて聴いて驚いたほどの上達を見せ、その教授が直接指導しはじめている。女の子本人は「指がひとりでに動く」といっており、見事な演奏をする。
◎小六の子が、二日間で七冊の某大手進学塾のテキストを最初から最後まで記憶する。
◎小五の生徒が円周率五〇〇桁を三〇分間で完全に記憶する。
◎一五〇ページ以上ある、はじめて読む本を五秒間で速読し、内容を正確に書き出す。
◎一ヵ月に一万冊以上の本を速読で読む子どもの会が四〇〇人を超えている。
◎一〇秒間で数十個、「フラッシュ」のように映し出される三、四桁の数字を暗算する。
◎一九才の女子生徒が、偏差値が約八ヵ月間で四五から七一まで伸びた。家庭学習五時間のうち、三時間は左脳でやり、二時間は右脳を使う。すると、右脳二時間の勉強が、左脳でやる四八時間の勉強量に相当する量をこなす。
◎学校の授業を頭のコンピュータでビデオ撮りすることができ、それを高速再生して正確にあとで再現することができる。だから、テストも容易《たやす》くできる。
◎高校生の女子生徒が、いままで五時間かかっていた勉強を四〇分で仕上げるようになった。

以上のような成果にも、ヘーグルでの「ＰＡＤ＝潜在能力開発講座」が重要な役割を果たしています。

※「ヘーグル（HEGL ＝ EENMI EDUCATIONAL GENERAL LABORATORY）」
※「ＰＡＤ（＝ Potential Ability Development）潜在能力開発講座」

「潜在能力開発」で能力を発揮！

「ＰＡＤ＝潜在能力開発講座」は、文字通り、「潜在能力＝自分自身の中に眠っている能力」を引き出すものです。眠っている力とは、単に学習能力だけでなく、また、スポーツ、芸術面での能力にとどまりません。「やる気」や「生きる力」といった、人間として根本的な「力」をも意味します。

この「力」を引き出すことで、人生のさまざまな面で、目を見張るような成果が得られることはいうまでもありません。

それに加えて、自分自身の「目標」が明確になり、その人に与えられている「使命」に気づくことで、より豊かな人生に変えていくことができるのです。

この成果を上げるまでには、いろいろな試行錯誤があり、「ＰＡＤメソッド」の方法自体にも新たな発見がありましたが、それについても詳細は後述しましょう。

山梨県甲斐市の、「日本航空高等学校付属中学校ヘーグル特進コース」では、「ＰＡＤ＝潜在能力開発」そのものを教育の中核として据えたカリキュラムを組んでいます。

二〇〇六年四月に創設された、この中学校の生徒たちは、ヘーグルの「ＰＡＤシステム」に毎日取り組んでいます。その成果は、これも目覚ましいものです。その一つとして、「模擬試験」の成績があります。

生徒たちは年に数回の模試を受けているのですが、その成績が、先生も本人たちも驚くほど向上しているのです。

その成績表を見てみましょう（八二・八三ページ参照）。

偏差値の左側の数字が二〇〇六年一〇月の模試の結果です。右側が二〇〇七年二月の模試の結果です。二回の模試を受けた二〇名の生徒の成績をランダムに並べました。

まず全体から、「英・数・国」三教科で見ると、クラス全体が九ポイントも向上し、全員の偏差値がアップしているという結果です。「英・数・国・理・社」の五教科でも、「変わらず」の二人を除くと全員が向上しているのです。

さらに、個別に見ていくと、国語で偏差値「33」だった生徒が「53」に「20ポイント」向上、数学で「29」だった生徒が「47」にアップ、英語で「33」だった生徒が「50」に、社会では「31」が「54」に、理科では、「29」だった生徒がなんと偏差値「60」に「31ポイント」もアップしているのです。

こうした「すごい」向上の傾向が二回の模試を受けた二〇名の生徒全体に見られます。偏差値がこれだけ向上するということは、まさに「すごい」ことのようです。

教務の先生方も補習などを含め、熱心な学習指導もおこなってきましたが、全員が上がるというのは、ＰＡＤの効果がなくては考えにくいと思います。

ちなみに、「ＰＡＤ」についてもご理解をいただいている受験界のプロ中のプロである浅見均先生に、この成績について評価していただきました。

全国模試（育伸社）　教科別　偏差値上昇率　集計表

				3科（8,102名）				5科（4,096名）				（前回受験者数）
社　会				3科（17,521名）				5科（8,014名）				（今回受験者数）
差	傾向	点差計	人数	差	傾向	点差計	人数	差	傾向	点差計	人数	
160	↑	174	16	151	↑	151	20	171	↑	171	18	
	—	0	0		—	0	0		—	0	2	
	↙	-14	4		↙	0	0		↙	0	0	
前回	今回	差	傾向	前回	今回	差	傾向	前回	今回	差	傾向	
58	57	-1	↙	58	67	9	↑	55	68	13	↑	
55	57	2	↑	51	62	11	↑	49	56	7	↑	
50	63	13	↑	48	55	7	↑	48	58	10	↑	
49	62	13	↑	46	56	10	↑	47	62	15	↑	
47	57	10	↑	46	53	7	↑	46	52	6	↑	
45	66	21	↑	45	54	9	↑	44	54	10	↑	
45	55	10	↑	45	50	5	↑	43	54	11	↑	
45	55	10	↑	44	58	14	↑	40	59	19	↑	
44	53	9	↑	44	47	3	↑	40	48	8	↑	
44	45	1	↑	43	45	2	↑	40	46	6	↑	
44	34	-10	↙	42	48	6	↑	40	40	0	–	
41	60	19	↑	41	46	5	↑	38	43	5	↑	
39	48	9	↑	39	51	12	↑	37	46	9	↑	
39	45	6	↑	39	44	5	↑	35	44	9	↑	
33	49	16	↑	31	36	5	↑	31	34	3	↑	
33	31	-2	↙	30	43	13	↑	30	30	0	–	
32	36	4	↑	30	35	5	↑	29	41	12	↑	
32	31	-1	↙	30	31	1	↑	28	39	11	↑	
31	54	23	↑	28	41	13	↑	28	33	5	↑	
29	37	8	↑	28	37	9	↑	26	38	12	↑	
42	50	8	**80%**	40	48	8	**100%**	39	47	9	**90%**	

日本航空高等学校付属中学校 ヘーグル特進コース１年

H18.10.31実施とH19.2.28実施の成績推移　　20名（2回の模試を受けた人数）

国語				数学				英語				理科			
差	傾向	点差計	人数	差	傾向	点差計	人数	差	傾向	点差計	人数	差	傾向	点差計	人数
130	↑	148	17	118	↑	125	17	154	↑	154	20	134	↑	144	17
	—	0	0		—	0	0		—	0	0		—	0	1
	↙	-18	3		↙	-7	3		↙	0	0		↙	-10	2

番号	前回	今回	差	傾向	前回	今回	差	傾向	前回	今回	差	傾向	前回	今回	差	傾向
1	58	65	7	↑	58	66	8	↑	61	62	1	↑	61	66	5	↑
2	56	65	9	↑	57	66	9	↑	57	63	6	↑	51	61	10	↑
3	53	52	-1	↙	54	57	3	↑	54	61	7	↑	49	53	4	↑
4	52	57	5	↑	53	56	3	↑	52	56	4	↑	48	61	13	↑
5	49	52	3	↑	52	54	2	↑	51	53	2	↑	47	49	2	↑
6	47	49	2	↑	47	43	-4	↙	50	61	11	↑	44	54	10	↑
7	44	54	10	↑	46	50	4	↑	50	54	4	↑	41	54	13	↑
8	44	45	1	↑	43	50	7	↑	47	63	16	↑	40	43	3	↑
9	42	51	9	↑	42	57	15	↑	47	50	3	↑	38	49	11	↑
10	42	33	-9	↙	42	47	5	↑	46	54	8	↑	38	32	-6	↙
11	41	60	19	↑	42	45	3	↑	41	53	12	↑	37	33	-4	↙
12	41	58	17	↑	38	40	2	↑	40	50	10	↑	36	36	0	↑
13	39	31	-8	↙	38	36	-2	↙	38	47	9	↑	34	36	2	↑
14	37	39	2	↑	32	40	8	↑	34	44	10	↑	33	42	9	↑
15	35	51	16	↑	31	40	9	↑	33	50	17	↑	31	33	2	↑
16	35	43	8	↑	30	29	-1	↙	31	38	7	↑	29	60	31	↑
17	35	41	6	↑	29	47	18	↑	30	31	1	↑	26	35	9	↑
18	33	53	20	↑	29	40	11	↑	29	38	9	↑	25	32	7	↑
19	27	28	1	↑	29	36	7	↑	26	28	2	↑	23	31	8	↑
20	25	38	13	↑	27	38	11	↑	25	40	15	↑	23	28	5	↑
	42	48	7	85%	41	47	6	85%	42	50	8	100%	38	44	7	85%

↑成績の向上した人数の%

「まず驚くのが四ヵ月間で、各教科でほとんどの生徒が大幅に伸びているということです。模試を受験している全体の層が大きく変わっているならいざしらず、ほぼ同じ集団が受験している中でこれだけ伸びるということはあまりみられないことです」

「考えられる理由としては、他の受験生もその間勉強していたはずですから、それ以上に相当ハードな学習をやったか、生徒たちの学習に対する姿勢（取り組み）が変わったかのいずれかがあげられます。もし一科目だけが伸びているのであれば、その科目だけに時間をかけて伸ばしたということも考えられますが、五教科にわたり伸ばすというのは難しいことだと思います。また、〇六年一〇月段階で偏差値の低かった生徒の伸び率の高さを見ると、時間数ではなく、勉強の仕方に気がついた可能性が高いのではないでしょうか。特に国語は量をやれば伸びる科目ではありません。何らかの方法で読み取りのコツ（ポイント）を身につけた結果だと思います」

「一クラスの中で何名かの生徒が勉強のやり方に気づいて大きく伸びるということはあります。しかし、クラスのほとんどの生徒が伸びているということは、そのクラス全体におこなったなんらかの取り組みが成果を上げているのと考えてよいのではないでしょうか」

とのことでした。

マスメディアで「潜在能力」を実証

ヘーグルメソッドの実績は、本当に高い評価をいただいています。

東京・立川の教室には、現在、日本全国、関東近県はもちろんのこと、北は北海道、南は沖縄まで、二三にのぼる都道府県から約一五〇〇名の子どもが通っています。飛行機や新幹線に乗ってまでして通ってくるのです。

この立川の教室に通っている子どもたちの中にも、ヘーグルに通いはじめてからメキメキと「潜在能力」を発揮しはじめた子どもがたくさんいます。

ヘーグルでは、一九九七（平成九）年七月に「波動読み」を誕生させました。これは、本のページを「パラパラ」という速さでめくるだけで、内容が理解できるという速読法です。

それまでにも速読法を教えていたのですが、そのうちに、ほんの一秒くらい「サーッ」とめくるだけで、本の内容がわかるという子どもが現れました。

元祖「波動読み」誕生！

最初は、指導しているこちらもそのあまりの速さに半信半疑だったのですが、話を聞いてみると確かに本の内容を把握しているのです。

右脳と左脳を刺激して、「潜在能力」を引き出すトレーニングをするうちに、そういう子どもがどんどん生まれはじめました。

翌年、一九九八（平成一〇）年にＴＢＳテレビの番組「ウンナンのホントのトコロ」で取り上げられました。この番組の中で、子どもたちの素晴らしい「能力」が全国放送され、大きな話題となりました。

その後も、たびたびテレビ番組で取り上げられ、ヘーグルの独自の教育と子どもたちの目を見張る能力が、その都度、驚きをもってむかえられました。

ヘーグルの生徒たちが、テレビ局のスタジオで、直接、その速読能力や記憶力、計算力を発揮して、出演者をはじめ、その場にいた人、テレビを見た人、すべてをアッと驚かせたのです。

スタジオでは、「はさみ」「ものさし」「鬼」「さいころ」などのイラスト入りのカード＝「フラッシュカード」五〇枚を数十秒の間に「フラッシュ」のように次々と見ることで子どもたちは、すべての絵柄とめくられた順番を暗記し、パーフェクトに解答しました。

また、子どもたちが、一〇〇〜一五〇ページ以上ある本をスタジオで手渡され、一冊、一〇秒から三〇秒くらいで「波動読み」で読んで、その本の内容をかなり正確に書くようすなども、「本の文字が目に飛び込んでくる」と話す子どもたちの生の声をまじえて紹介されました。

テレビで紹介されたことによって、ヘーグルのユニークな教育が全国的に広く知られるようになったことに加えて、子どもたちのはかり知れない「潜在能力」がマスメディアの場で実証されることにもなったのです。

元祖「波動読み」一九九七年誕生の秘話を初公開！

実は、波動読みの誕生には、そのきっかけとなる出来事があります。

一九九七（平成九）年六月一七日に、ＴＢＳ系列「所さんの二十世紀解体新書」の中で、小二の男の子が二〇〇ページ近くの本を七分台で読むシーンが放映されました。

このころから、へーグル立川校で右脳が使える子どもたちの間で、一冊の本がどれだけ速く読めるのかという競争が、遊び半分ではじまっていました。

一冊二〇〇ページくらいの本を何分で読むかということを競うのです。

授業は、週一回ありますので、その時にお互いに何分かかったか、情報交換をしているようでした。

テレビで放映されたときの七分台の記録が、皆で競争をしていくうちに、どんどん短縮されていきました。五分、三分、一分……。

この様子をずっとみてきた私は、あることをひらめきました。それは「さらに次元が上の速読ができるのではないか？」というものでした。

あるとき、皆で速読をしているときに、私は思いきって、

波動読みをする子ども

〔北海道上富良野より立川本部校に通室しているＡちゃん（９歳）〕

「一秒に挑戦！」

といってみました。

「えーっ、一秒！」と子どもたちは驚きながらも、ペラペラとめくりはじめました。

すると、右脳が使える子どもの一人が、

「読める！　頭に文字がどんどん飛び込んでくる！　絵が動いている！　主人公の声が、効果音と一緒に聞こえる！　おもしろい！！」と叫びだしました。

それに引きずられるように、別の子どもたちも、

「超早送りの映画を見ているみたい！」と口々にいいはじめました。

一九九七（平成九）年七月の出来事です。

そのころから、右脳が使える子どもたちの中で、「一秒読み」が定着してきました。この読み方をする子が何十人単位で増えてきたのです。

波動読みができる子どもたちは、学校や公共の場では波動読みはしません。もっぱら自宅か教室でやります。

教室では、自分の能力をひけらかしてはいけないと教えているからです。

波動読みができる子どもが増えてきたとき、心配になってきたことがありました。

それは、「子どもたちはどれくらい本の内容を理解しているのか?」ということです。

どうせやるなら、一つの能力として定着させ、次へのステップに進ませてやりたいと考え、子どもたちに、「一秒読み」で読んだ内容をノートに書き出させる作業をさせはじめました。

最初のうちは、全体の三分の一程度の理解ができている程度の子どもが多かったのですが、慣れてくるうちに理解できる量も増えてきました。

書き出す内容が、実際の本の内容と合っているわけですから、親も先生もびっくりです。

そして、一九九八（平成一〇）年三月三日、ＴＢＳ系「ウンナンのホントのトコロ」でこの「一秒読み」を披露し、大反響を巻き起こすこととなりました。

ＩＱが示すものとは？

ライス国務長官の「ＩＱ二〇〇」

アメリカのライス国務長官が「ＩＱ二〇〇」ということは、テレビや新聞などの報道でも、ことあるごとに伝えられています。

この「ＩＱ二〇〇」という意味は、「知能年齢÷生活年齢×一〇〇」という一般的な知能指数の求め方でいうと、「五歳の子どもが、一〇歳の子どもと同じくらいの能力を持っているときに知能指数が二〇〇となる」ということです。

ただ、ライス国務長官の「ＩＱ二〇〇」を測定した方法と、その時期がわからないので、ライス国務長官の能力が客観的にどのくらいのものなのかは確認のしようがありません。

ただ、ニュースなどで記者会見での彼女のコメントを聞く限りでは、やはり、かなり「右脳」も発達しているのではないか、とは感じられます。

「ＩＱ」の測定方法には、日本で一般的な「田中ビネー式」をはじめ「鈴木ビネー式」、「ウェクスラー式」などさまざまな方法があります。「田中ビネー式」では、測定の最高値は一六〇くらい、「ウェクスラー式」もやはり最高が一六〇くらいです。

その他の、どの測定方法でも測定可能な数値は高いものでも「二〇〇」までとなっているようです。

そして、私たちの実感では、ヘーグルの子どもたちの中でも、「右脳と左脳」の使い方をマスターした子どもたちは、明らかに現在一般的な測定法による知能指数の上限をはるかに超えた「二〇〇」というレベルに達していると考えています。

なぜなら、多くの子どもたちが、知能テストのようなものをすると、規定時間までかからず、時間が余ってしまい、採点しても満点であるからです。

これは、あくまで「数字」の問題で、実際の「能力」とは別な話になりますが、実際に測定も試みました。その結果は次の項で報告しましょう。

ヘーグル通室生は、「高IQ」出現率が通常の三七倍！

ヘーグルは「潜在能力開発」の教室であって、「英才教育」のような「IQ」の数字を追求するところではないので、これまで生徒たちの「IQ」の測定はとくにおこなってきませんでした。

しかし、本書をまとめるにあたって、ヘーグルのメソッドの成果を「数字の面」からも検証する必要を感じたので、いろいろな方法で「IQ」の測定も試みてみました。

それが、次の表です。

「IQ」の平均は「一〇〇」です。

IQ一二〇以上となると、通常出現率は8％と一〇〇人に八人しかいません。一四〇以上となると通常出現率は、1％となり、一〇〇人に一人しか出現しません。

ところがヘーグルの通室生は、IQ一二〇以上が73・6％で一〇〇人に七三人、一四〇以上が37・4％で一〇〇人に三七人と、通常出現率の約一〇倍、約三七倍となっています。

この子どもたちの通室年数は、平均して三年〜四年ですから、通室してトレーニングを

潜在能力を開花させることでIQも伸びる

■通常児のIQデータ分布イメージ図

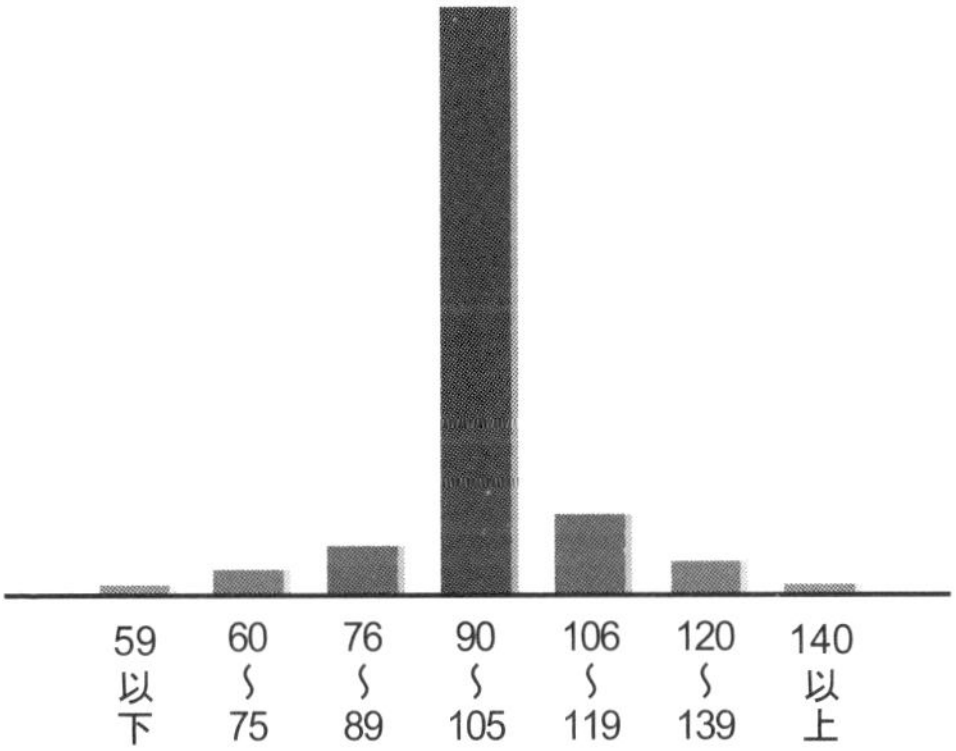

■ヘーグル通室生のIQデータ分布
（4才児～小6生の総合データ中には、
障害を持っている子も含まれている）

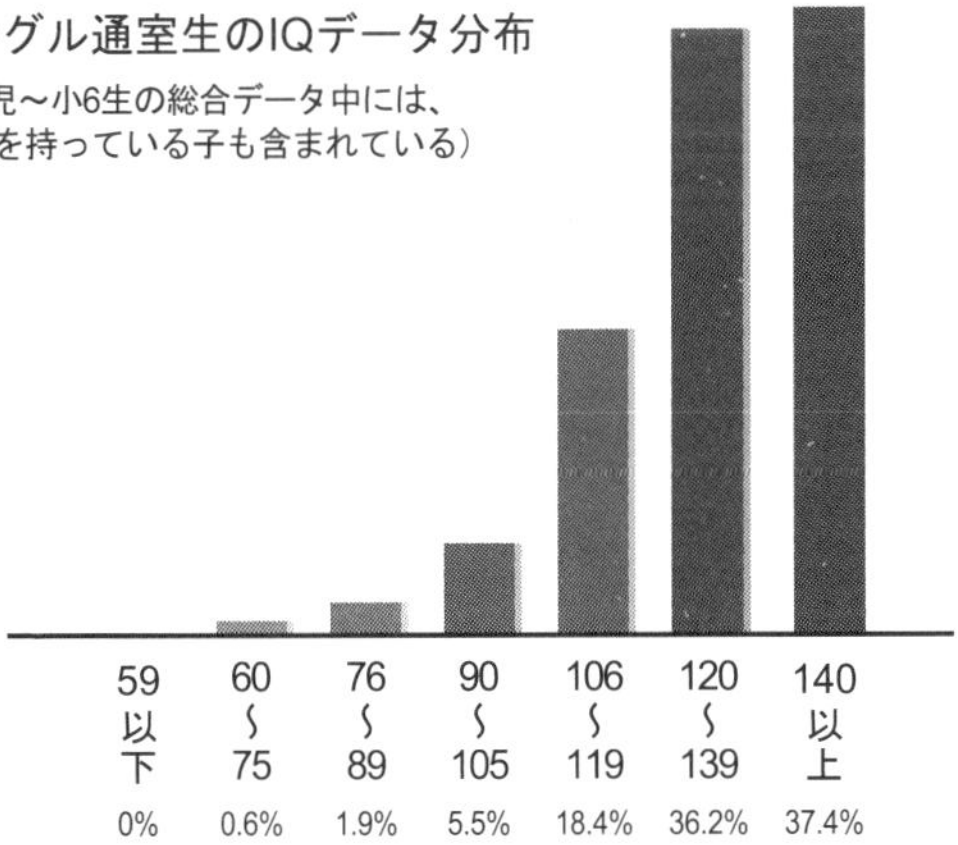

※IQは平均を“100”として，“120”でクラスでトップ，“140”で東大合格レベルの知能と言われている。ヘーグル生徒が「能力開発」によって，いかに才能を伸ばしているかがわかる。

おこなってきている間に伸びたと考えられます。ヘーグルに通ってきている生徒たちは、入会試験をするわけでもなく、障害を持った子どもたちもいます。

そして、それぞれの子がそれぞれにのびのびと成長していっています。

いちばん大切なことは「子どもたちの未来」であり、子どももおとなもいまよりもっともっと「豊かな人生」にしていくことなのです。

あくまでも、そのポイントを忘れてはいけないと思います。

ですから、私たちは、あくまでもＩＱの数値にこだわるのではなく、子どもたちの素力（総合基本力など、基礎となる素地の能力）を確実にアップさせているのだという確信が得られれば、それで十分なのです。

私たちの感触では、数値以上の成果が上がっているように感じられます。

「心の教育」がもっとも大切

ヘーグルがもっとも大切にしているのは、「心の教育」です。

「右脳を開発すると心も同時に育ち、優しい子になる」などという考えが一部にあるようですが、それはとんでもないことです。確かに、左脳偏重でどんどん詰め込まれていくよりは、情緒的に楽でしょうから、部分的には肯定できる部分もあります。

しかし、現実的には、右脳が使える人は、皆善人かといえば、善人もいれば悪人もいるというのが正しいでしょう。それは、知能が高い人は善人かという質問と同じです。

東京拘置所は、知能犯による受刑者が多く、偏差値六五以上じゃないと入れないなんていうジョークもあるくらいです。

ヘーグルの授業では、必ず「人間学」として、幼児期から「心の話」をしています。これはおとなが聞いても学ぶところが多い内容だと思います。

幼少期、小学生期は、「人間」としての基礎を作る重要な時期です。ただ単に「潜在能力」が開発されて、「ＩＱ」が伸び、学力が伸びるだけでは不十分なのです。

不十分どころか、人間としての基礎をつくらず、能力だけを磨くというのは、危険きわまりない行為です。

それをたとえていうなら、幼児に五〇〇馬力のスポーツカーを与えてしまうようなものです。恐らく、瞬時に凶器と化すでしょう。

ヘーグルでは右脳を開いた（潜在能力を発揮しはじめた）子どもたちが集う会を年に数回開いていますが、その講座の前に、「自問清掃（黙って掃除に専念する）」と「人間学」の講座があります。

これらの講座はセットになっており、セットでなければ受講できないようにしています。それも、単に能力を上げるのではなく、箒やちりとり、ぞうきんをもって身の回りをきれいにしてから人間学を学び、その上で人の役に立つために自分の能力を磨くという事が、一体となっていなければならないと思うからです。

小学生に本格的な人間学を教える意味

小1から、年に数回、人間学の講座があります。特に、小1、2生は「Ｐｒｅ ＭＥＰ」という講座でもジュニア人間学の講座を開講しています。

これらの講座は、「人間がいかに生きるか」をテーマに様々な話をしています。

身近で起こっている問題や、社会の問題、心理学、成功哲学など、あらゆる事がテーマとなります。

私たちは、これらを種まきと呼んでいます。人はいろいろな知識を様々な角度から入れることによって、物事を立体的に見る目が養われます。

小学生のうちは、いろいろな話を聞くのが良いのです。いろいろな話を聞くうちに自分なりの考え方がまとまってきます。

たとえば、中学生になった女子生徒の親御さんが、このような話をしてくれました。

「うちの子は、ヘーグルで小学生までお世話になって、能力も伸びたんですが、もっと嬉しいことがありました。

それは、お友達がクラスでみんな悪口をいい合っている中で、

『自分はお友達の悪口はいいたくないし、お友達が悪口をいっているときは、なるべく聞き流すようにしているの』というんです。

『なぜ、あなたは悪口をいわないの？』と訊くと、

『だって、自分がやったことは必ず自分に返ってくるでしょう。だから悪口はいわないの』というんですよ。

そのことをいう時のいい方や姿勢がとても凛としていて、おとなの私でもその時には、この子に負けたと一瞬思いました」とおっしゃったのです。

このようなことは、いつもお父さんやお母さんが日頃教えているようなことですが、なかなか子どもの心の奥に入っていかないことが多いものです。

でも、そんな当たり前のことも様々な例や話を組み合わせながらじっくり話を聞く機会があると、心の奥にきちんとしまわれていくのです。

ですから、幼少期から小学生期にかけていちばん大切なことは、「人間として生きていく」ための「土台となる力」を育てることです。

いくら勉強ができても、芸術や運動能力に長けていても、人間的な「心の成長」をともなっていなければ、必ずどこかでゆがみが生まれます。

「自分は本当に何をやりたいのか?」「自分はどのように生きれば幸せなのか?」といったごくごく当たり前のことから、きちんとした考え方の「土台」を作っておけば、ずっと、あとになって「ボタンのかけ違い」に気づくといった、取り返しのつかないような事態にはなりません。

特に、小学生以降の時期には、この「心の教育」がとても重要です。

全てをわからせる必要はありません。いまわからないことはわからなくてもよい。でも、時が経ったら自然とわかるようになります。

ですから、ＰＡＤ講座でも、人間学を教える講座が必ず含まれています。

特に中級講座の場合、一つの話が三時間以上になる場合もあります。その時間は、休憩は一切ありません。

どうしてもトイレに行きたい人は、行ってよいことになっていますが、ほとんどの生徒はトイレにも行かず講義を集中して聞き続けます。

その中にはおとなの受講者もおられますが、皆一様にその状況を見て感動しています。

これこそが、集中力をきちんと身につけた子どもたちの集団であり、話の内容がわかる子どもたちに成長している証だと思います。

「心の知能指数＝ＥＱ」

「ＥＱ」ということばはご存知の方も多いでしょう。アメリカの心理学博士・ダニエル・ゴールドマンの著書、『ＥＱ—こころの知能指数』（土屋京子訳／講談社）によって広く知られるようになった概念です。

「ＥＱ」とは、「エモーショナル・クオシェント」のことで、直訳すれば「情動指数」というところでしょう。

「ＥＱ」は、知能テストで測定される「ＩＱ」とはまったく違って、自分の本当の気持ちを自覚、尊重し、衝動的な言動を自制し、他人の気持ちを感じ取ることができ、集団の中で協力しあえる、といった能力を示すものです。

すでに少し触れましたが、ヘーグルでは、トータルな「潜在能力」とは、「ＩＱ＝記憶力、計算力、理解力、イメージ力」プラス、「ＥＱ（感情の豊かさ）」である、という位置づけをしています。

ただ単に、「勉強ができる。能力がある」というだけではなく、それをどのように発揮し、実際にどのように使うのかということが重要だと考えるからです。

「ＥＱ」の考え方は、「心の教育」には不可欠のものとなっています。

心理学者のソーンダイクは、人間の知能には「抽象的知能」「機械的知能」「社会的知能」の三種類があるとしています。

「抽象的知能」とは、学校の勉強をしたり、なにか創造的なことをする上で必要な知能で、「機械的知能」とは、外的な刺激に対して機械的に反応する知能、そして、「社会的知能」

とは、社会生活を営んでいく上で必要な知能のことを指します。
「ＥＱ」は、この「社会的知能」の位置づけ、考え方に非常に近いといえるでしょう。具体的には、豊かな感情を持ち、人から慕われ、だれとでも仲良く協調できる能力です。簡単にいうと、「性格のよさ」のことともいえます。

アメリカ・ハーバード大学で、卒業生の追跡調査をおこなったところ、大学時代の成績が優秀だったからといって、社会的にも成功しているとは限らないということがわかりました。

この調査で、「優秀だった学生」が、現在の人生に満足しているとは限らないし、友人との人間関係や家族との関係、恋愛や結婚生活でも幸福と感じているとは限らないということもわかりました。

むしろ、その人の人生を成功に導き、より幸福感のあるものにしていたのは、「ＩＱ」より「ＥＱ」でした。

子どもの頃からつちかわれている、自分の感情をコントロールする能力、他人とうまくやっていける能力、失敗や挫折を乗り越え、問題を解決する能力があったかどうかが最大の「鍵」だったのです。つまり、「優秀さ」より「ＥＱ」の高さが、人生をより豊かなものにしていたのです。

ハーバード大学の心理学者、ハワード・ガードナーは、次のようにいっています。

「ＩＱが一六〇の人間でも、心的知能が低ければ、ＩＱ一〇〇の人間の下で働くことになることはよくあります。心的知能が低ければ、結婚相手も就職先もまちがってしまうことが多いのです」

子どもたちの人生の本当の幸福を考えた教育でなければ、どんなに「能力」を引き出すことができてもその教育の価値は低いと私たちは考えています。

忍耐力は何にもまさる能力

忍耐力は、何にもまさる能力なのです。「ＥＱ」の中で取り上げられているのが、有名なマシュマロテストです。

四歳の子どもに、「いま、おじさんは用があってちょっと出かけてくる。その間、この部屋にいるんだよ。テーブルの上に一つのマシュマロが置いてあるが、これは食べちゃだめだよ。おじさんが帰ってくるまで我慢できたら、ご褒美にもう一つマシュマロをあげよう。わかったね」といって部屋を出ていくのです。

その結果は、以下の三つのパターンに分かれます。
①おじさんがいなくなったら、迷うことなくすぐに食べてしまう子。
②しばらく迷ってから、我慢しきれずに食べてしまう子。
③ちゃんと最後まで、食べないで我慢できる子。
さあ、おじさんが十五分後に帰ってきました。

さて、それから十数年後、園児たちが青年になった時点で実施された追跡調査で、結果は明らかになりました。①と②のグループと③のグループとでは、情緒や社会性において劇的な差が生じていたのでした。
③のグループの青年たちは自分に自信を持ち、困難な課題にも進んで取り組み、目標を達成するための欲求の充足を先延ばしにすることができたのです。
当然、学業の面でもはるかに優秀で、ＳＡＴ（大学進学適性試験）の点数も非常に良く、①と②のグループの生徒のＳＡＴの点数の平均との比較で、総合で二一〇点も上回ったのです。

つまり、マシュマロテストは、子どもたちの将来のＳＡＴの成績をＩＱの二倍正確に予言したのです。

このことからも真に能力を伸ばすためには、心の成長が不可欠だということがわかるでしょう。

ノーベル賞受賞者の小柴教授の幼少期

ノーベル賞を受賞した東京大学の小柴昌俊教授は、中学一年生の時、小児マヒにかかりました。ある朝目覚めたら、手も足も動かないのです。当時は治療法もなく、退院後もただただリハビリを続けるしかなかったのです。

やっと歩けるようになっても、片道四キロの道を歩かなければなりません。なぜなら、バスのステップを上がれなかったからです。

人っ子一人いない田舎の通学路で、転んで起き上がれなくなったこともありました。人に助け起こされるまで一時間半もそのままで倒れていたこともありました。

その間、ずっと「こんちくしょう。こんちくしょう」といい続けていたのです。

彼は、この経験で本気にならなくてはだめだと強く思い、それから「なにくそ」人生がはじまったといいます。

小柴先生のこの少年期の体験が、ノーベル賞へと導いてくれたのでしょう。いかに能力を育成するだけではだめであるかを考えさせられるエピソードです。

天才が生まれる条件とは

「心」と「能力」を育み、「天才」が育つ環境、といっても一口では表現できません。さまざまな要因がからむと思います。お茶の水大学教授で数学者の藤原正彦氏（ベストセラー『国家の品格』の著者）は、「天才が育つ土壌」として、そのヒントとなる三つの条件を挙げています。

第一は、自分を超えた大いなるものに対してひざまずく心。
第二は、金銭的なものよりも精神性を尊ぶ心。
第三は、美の存在とそれを尊ぶ伝統を重んじる心。

何とも重々しい条件ではありませんか。

まず、一つ一つを考えていきたいと思います。

第一の条件は、「天才」という言葉が、いまあまりにも安易に使われているような気がしてなりません。「天才」とは、文字通り「天から与えられた才」です。

つまり、自分が欲しくて自ら作り出した才能ではなく、天から与えられた才能であるという自覚と感謝の意を持ち、「なぜ、自分にはこのような才を与えられたのであろう?」と考えなくてはならないのです。

そのように考えていくと、与えられた才能は非常にありがたいものであると同時に、天はその才能を多くの人のために使って欲しいからこそ自分に与えてくれたのだと気づくようになります。

そのような気づきがあると、自然に自分が一番上ではなく、自分を超えたものの存在を認めざるを得ないというところに行き着くのです。

アサヒビールを立て直した樋口廣太郎氏は、毎週日曜日には夫婦で教会に行き、みんなで教会を一緒に掃除をし、自分が会社のトップであるが、常に畏敬の念を忘れずに過ごしているという一節がありました。この心構えは、リーダーとしても大切な心です。

第二と第三の条件は、現代の様々なリーダーおよび先進国の人々が真剣に考えなければならないテーマだと思います。

現代社会の合理主義、物質主義は、こうした、「大いなるもの」や「精神性」、「美意識」といったものをどこかに置き忘れてきているかもしれません。

しかし、このようなテーマこそ、二十一世紀を担う子どもたちに先輩として、あるべき方向を示唆したり、成功と失敗をさらけ出して伝えなければならない重要な項目であると思います。

このような「豊かな心に満ちた環境」が、天才を育むのだというのです。天才はだれかがだれかに、なにかを教えることで作られるものではなく、「大いなるもの」からの贈り物だということでしょう。

「IQの伸び」と「能力発揮」の因果関係

「IQが伸びる」だけでは「能力」は伸びない

私たちは「IQが伸びる」ということと、「能力が伸びる」ということの関係について注目してきました。いくら「IQ」ばかりが伸びても、「能力」につながらなければほとんど意味をなしません。

たとえば、「学力」を上げたいという場合、「IQを伸ばす」「潜在能力を伸ばす」ということが基本ですが、それだけではダメなのです。

「IQ」をトレーニングによって伸ばした、その後が重要です。まず、当の本人が勉強に対する「やる気」＝「モチベーション」をはっきりと持たなければなりません。そして、本人がやろうとする教科を好きになることも大切です。

加えて、先生たちが子どもたちを指導をすることに情熱を持っていて、「目標を設定」して導かなければなりません。

「ＩＱが伸びた」というのは、これからの取り組みにおける準備ができたという事です。例えば、野球選手が腕立て伏せや筋肉トレーニングばかりやっていても、野球自体がうまくなることはできません。筋トレも大切ですが、それと平行して野球の実践トレーニングをしなければならないからです。

本人が本気で勉強やスポーツに取り組まない限りは、その才能は発揮されないということです。

ですから、本人の自覚を促す取り組みや、気づきを与えることが重要になってきます。ただ、ここで大切なのは、本人の意思を無視して早急にある方向に無理矢理導くのはやめた方がいいということです。

特に、子どもが幼少期であったり小学生期であったりすると、子どもは無意識的に親の期待に応えようとしてしまいます。

真面目で優しい子ほどその傾向は強いのです。

ですから、子どもは、自分の意に反した行動をとります。つまり、親の意向に合わせようとするのです。

しかし、中学生くらいになるとその我慢も限界にきます。

「お母さんがこの学校に行けといったから、僕は行ったんだぞ。もともと僕が行きたくて行ったんじゃあないんだぞ」ということになってしまい、最悪の場合、退学して転校もしくは、不登校になってしまうケースもあります。

このような事態を招く前に、子どもの本心を聞きながら、無理のない導きをしましょう。

どんどん「能力を発揮する」おとなたち

「ＰＡＤ」で身につけた「力」が仕事に活きる

「ＰＡＤ＝潜在能力開発講座」を体験したおとなたちの、「能力発揮ぶり」が、ヘーグルの「ＰＡＤメソッド」の効果をもっとも証明しているでしょう。そのうちのいくつかをご紹介しましょう。

ヘーグルの「ＰＡＤ＝潜在能力開発講座」には、さまざまな方が参加しています。子どもを参加させるために、ついでに参加したお父さんやお母さんから、社員の能力を開発したいという会社経営者まで、実にいろいろです。

中でも、いちばんご本人が驚かれていたのが、あるお医者さんの例です。この方は仮に

Ａさんとしましょう。Ａさんは、三人のお子さんを「ＰＡＤ」に連れてこられたのですが、その時にご自分で「ＰＡＤ」を経験して、ずいぶん変化があったというのです。

Ａさんは、お子さん三人を一人ずつ連れてこられたので、連れてきたついでに、初級、中級を含めてつごう三回、「ＰＡＤメソッド」を経験しました。それによって、ご自身の「潜在能力」にだんだん変化が起こったようです。

いちばんの変化は、その後、いろいろなことが、ご自分がイメージした通りに実現するようになったことです。開業医の方なのですが、来院する患者さんも増えてきて、最近ではテレビの「健康法」を紹介する人気番組にもたびたび出演するようになっています。これも「ＰＡＤ」を受けた成果かな、とおっしゃっていました。

もうひとかた、やはりお医者さんの例があります。この方はＢさんとしましょう。Ｂさんは、「ＰＡＤ」を受けてから、患者さんの悪いところが、見ただけでわかるようになった、というのです。

それまでは、当然のことながら問診をしないと細かい病状はわからなかったのですが、いまでは患者さんを前にしただけで、「ここが悪いのだろうな」とイメージできるようになったといいます。

おとな向けPADの様子

スタッフ全員の「イメージ力」が上がる

また、理美容関係の店を経営しているCさんは、関西からわざわざ一〇人くらいのスタッフとともどもやってきました。四日間の「PAD」を受けて、「イメージの力」のすごさが体感できたようです。

このCさんは、関西に戻って、さっそくご自身が経営されている職場で、職員の研修をおこないました。美容師である職員にパーマの「ロット」というカーラーを巻く練習に「イメージの力」を取り入れたのです。

この「ロット」を短時間でたくさん巻くのはなかなか大変で、髪全体を巻くのに早い人で二〇分、遅い人だと一時間くらいかかってしまうのです。上達するまでに何ヵ月もかかり、新人の美容師さんは、カットをしたくて美容師を目指すのに、この「ロット」巻きでさんざん苦労するらしいのです。

そこで、Cさんは、遅い人のトレーニングのために、早い人が巻くリズムに合わせたアップテンポの音楽をかけて、「早い人のやりかたを見てイメージをする」という練習をおこなったところ、全員のタイムが向上したといいます。

「いちばん遅かった子が二〇分で巻けましたよ！　私は美容業界に革命を起こしますよ！」とその成果が上がった喜びを電話で私たちに報告してくれました。

沖縄で会社をいくつも経営している方が、幹部のみなさんを二〇人近く連れてやってきたこともあります。その方は、年に何度か、傘下の会社に次の期間の事業計画を出させていたのですが、幹部の方々が締め切りまでになかなか計画書を提出しなかったり、出しても薄っぺらい計画書だったりしていたそうです。

それが、「ＰＡＤ」を受けて帰ったら、分厚い事業計画がすべての会社から締め切り前に提出されたと喜んでいました。「事業計画」というのは、まさに「イメージ力」で作られるものなのでしょう。

オートバイレースのコーチをしている方は、「ＰＡＤ」を受けてから、オートバイでコースのどこをどのように走ったらいいのかがよく見えるようになったといいます。コースの平面図を見ていると、走るべきルートが線となって見えてくるといっていました。

実際にオフロードのコースの走行中にも、死角になって見えないはずのところを走っている教え子のようすが、響いてくるエンジン音を聞いているだけでイメージとしてはっきりと浮かぶそうです。

お母さんたちにも「潜在力」による成果が

子どもを連れてくるお母さんたちにもさまざまな変化があります。

専業主婦だった方が「潜在能力」に目覚めて、「ヒーリング（癒し）」に関する仕事をはじめたという例などがあります。ピアノ教室を開いている、あるお母さんは、「レッスンにやってくる生徒さんたちの心の動きがよくわかるようになり、教えやすくなった」といっていました。

算数を教えている方が、ヘーグルでの教え方をまねて教えたら、受け持っているクラスの子どもたちの成績がとてもよくなったといっていました。

また、あるお母さんは、「ＰＡＤ」を受けたことで、自分自身の考え方まで変化したといっていました。それまでは、子どもがテレビゲームばかりに熱中していたら、すぐに、「ゲームはやめて勉強しなさい！」といっていたのですが、「本人がゲームをしたいというのなら、させてあげよう」と考えるようになった、というのです。

私たちは、その話を聞いてかえって心配になって、「勉強もしっかりさせたほうがいいですよ」と逆にクギをさしている、という感じです。

また、「ＰＡＤ」によって、さまざまな面で変化が同時進行的にあらわれたという方もいます。少し長くなりますが、仕事をしているお母さん、ご本人の体験談です。

「『ＰＡＤ』を受けてから、まずやる気がでました。朝、目覚めたときに、光が差してくるように感じられ、幸せ感が増しました。また、睡眠時間が短くても大丈夫になりました。仕事面では、自分ではほとんど努力しているつもりがないのに全国一の成績で各部門とも他を著しく引き離してダントツ一位になりました。他の支店から問い合わせや視察を受け、どうしたらこのような数字がだせるのか質問攻めに。思った通りのことがなにかに導かれてスッスッと前に押し出されるような感じなのです。

さらに、自分が思ったように物事が進みます。相手の思っていることがわかるようになり、思った通りに動かすことができるようにもなりました。いい出会いが連続し、出会う人の質、タイプが変わりました。まわりの空気を変えることができ、人間関係が変わってきたと思います。合っていた人が合わなくなったり、その逆も起こります。加えて、自分の使命感が明確になり、何気ないことに感謝でき、主体的に自分の思った通りに生きることができるようになったことがうれしい変化です。少しでも人のお役に立てる人間になりたいと思います。他にも、プライベートでおこなう大きなイベント（五〇〇名集客）の成功、ボランティア活動の表彰も受けました。いまは、五年後、一〇年後を区切りとして目標を立てて、進んでいこうと考えています」

「ＰＡＤ」によって、本当に人それぞれ、いろいろな能力が引き出され、さまざまな変化が起こるものだ、と改めて実感しています。

子どもと真剣に向き合った二五年間

「伸びない」子どもに「力をつける」方法とは

私たちが、この教室をはじめた、いちばん最初は、いまから二五年前のことです。二五年前に私たちがやりはじめたのは、いまの教室の礎となるものではありますが、ふつうの学習塾＝進学塾でした。その名は、「逸見学習教室」でした。

小田急線沿線の世田谷区・千歳船橋にあった自宅での家庭教師から、その教室はスタートしました。当時、私は大学一年生です。

生徒募集の手始めとして、銀行の告知板に手書きのビラを作って張り出しました。

そのタイトルは、「算数・国語・英語・道徳を教えます！」というものでした。

いまから考えると、とても恥ずかしくなりますが、その当時から心の教育をやることに意義を感じていました。

一番はじめの生徒は、成城学園前に住む小五の男の子でした。二ヵ月位すると紹介者が続々と増え、自宅や、京王線の中河原などで教えていました。

この当時は、小学校四年生以上と、中学生、高校生向けの塾です。「塾」としては、一〇年間、地元の子どもたちを中心に指導していました。

進学のための塾ですから、学力を伸ばすということが最重要で、そのことにももちろん関心はありました。

けれども、一〇年間、たくさんの子どもたちにふつうの塾としての勉強を教えるうちに、ある疑問がふくらんできたのです。

できる子どもは特別なことをしなくても塾内でも成績がよく、小学校でも中学校でもずっと「オール五」という成績です。そういう子は、都立のトップクラスの学校や一流の私立校に進学していきました。

その一方で、どうしても暗記が必要な科目が得意でないとか、どうも基礎的な理解力が足りないといった子どもたちがいます。そんな子どもたちを長年たくさん見るうちに、その子にどんな指導をしたら「力をつけさせる」ことができるのか、と悩み、解決方法を考えはじめました。

また、私自身、大学での専攻が心理学だったこともあり、学力の向上に加えて、どうすれば子どもたちの「心」を育てることができるのか、また、「大きな志」を持った人間に育てることができるのか、といったことに強く興味が募りました。

「伸びない」子どもたちに、いったいどんな教育が必要なのか、「心」、「志」を育むにはどんな教育方法が可能なのか、といったことを模索するうちにたどりついたのが、一五年前に出会った、「潜在能力を引き出す教育」＝「右脳と左脳を活性化する教育」だったのです。

そして、一九九二（平成四）年一二月に現在のヘーグルの前身となる教室を、東京・立川のマンションの一室ではじめました。当初は五七名の生徒で、「とにかく成果の出る教育を」という一心でやってきたのです。

気がつくと、おかげさまで生徒数一〇〇〇名を超える教室になっていました。私たちが目指した教育＝「潜在能力＝ＩＱとＥＱを伸ばす教育」が間違っていなかったのだと、改めて確信を深めています。

「受け皿」の「大きさ」と「深さ」

現在の、ふつうの学習塾、進学塾では、「どう教えるか」ということをさまざまに工夫しています。

どういうカリキュラムを組めば成績がよくなるか、何を何時間教えるか、算数はどう教えればいいか、といったことです。

そういった一般的な発想に基づく教育では、「伸びない子どもは、いつまでたっても伸びない」という決定的な限界がありました。

私たちは、その教育を受け入れる子どもの「受け皿」＝「器（うつわ＝キャパシティ）」に着目しました。どうすれば「受け皿」＝「器」を大きくすることができるかを追求するという点です。

「受け皿」＝「器」に充分な大きさがなければ、どんなカリキュラムを組んだとしても、また、どんなうまい教え方をしたとしても、「料理＝知識や情報」は、入り切らなくなるのです。

人間はふつう一度に三つくらいのことをいわれると、もともと二つしか入らない「器」

【受け皿の大きさと深さ】

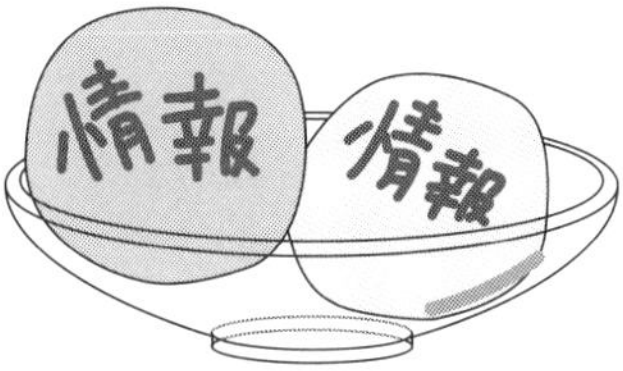

小さな器だと
すぐあふれてしまう

器を大きくする

である場合が多いので、一つぶんあふれてしまいます。無理矢理に入れようとしても、「器」に余裕がないので無理なものは無理なのです。

私たちは、この「受け皿」＝「器」の大きさが重要だということに気づきました。そして、勉強などの「能力の受け皿」とともに、「心の受け皿」を大きくすることも同時に考えはじめました。

学校の中だけなら「能力の受け皿」さえ大きければ通用するかもしれませんが、社会生活の中では、こんどは「心の受け皿」の大きさが問われることになるからです。

また、受け皿の「深さ」も必要になります。

人がいっていることの本当の意味をきちんと受け止めて、自分なりに考え、それに対応することができるかどうかが、受け皿の「深さ」です。

たとえば、いっしょに食事をしていて相手が「私はデザートはいりません」と口ではいっていても、本心はそうではない、ということがあります。本当は、シャーベットが目の前にあれば食べたいのです。

そういった人づき合いの上で相手の気持ちを推察できるだけの「受け皿の深さ」が必要になります。

なにかを学ぶときには、この「受け皿」の「大きさ」と「深さ」を広げ、伸ばすことが、まず必要です。

「総合基本力」はすべての学習の基礎力

「能力の受け皿」と「心の受け皿」を大きく、深くするために、いちばん大切だと私たちが考えているのが、この章の冒頭ですでに少し触れた「総合基本力」です。

ここで、「総合基本力（素力）」について、さらにご説明したいと思います。ここまでに述べてきたように、ヘーグルの教育は、胎教・〇歳児から小学生、そしておとなまでの「総合基本力」を伸ばすことを目的としています。

・記憶力＝楽しく覚えられる力＝瞬間記憶力とイメージ記憶力
・高速処理能力＝速く処理できる力＝速読力と高速処理力（計算、総合）
・理解力＝楽に理解できる力＝文章理解力と算数的空間把握能力
・創造力＝創造力を発揮する力＝イメージ創造力

この四つの力・「総合基本力」には、それぞれの機能があります。それぞれの役割をコンピュータの機能にたとえてみましょう。

右脳と左脳の「処理能力」を高速化する

人の頭脳の機能と働きは、高性能コンピュータの機能と働きに似ています。もともとコンピュータは、高度な計算などを人間の代わりに「高速・正確に」おこなってくれる機械として開発されたのですから、当然かもしれません。

ただし、人はだれでもどんなコンピュータよりもはるかに素晴らしい能力を持っていることを、断っておかねばなりません。その能力についてはあとで触れます。

コンピュータには、情報を入力するための「キーボード」と入力された情報をわかりやすく表示する「画面（ディスプレイ）」があります。

入力された情報を『理解』して『処理』するのが「CPU（中央集積回路）」です。「CPU」は電気信号による情報を、自分のことばに置き換えて、文書や画像、音声などにす

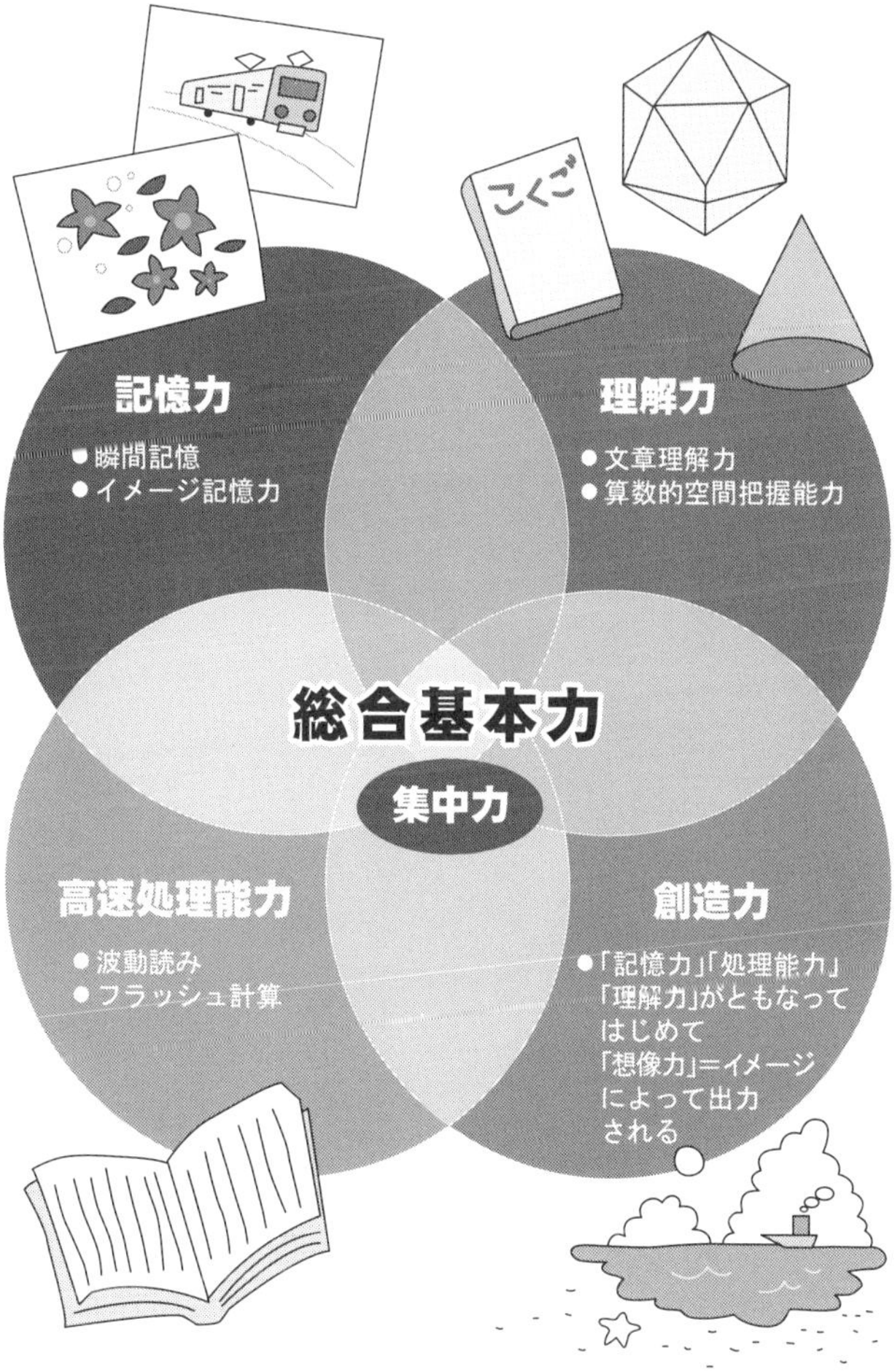
こくご
記憶力
●瞬間記憶
●イメージ記憶力
理解力
●文章理解力
●算数的空間把握能力
総合基本力
集中力
高速処理能力
●波動読み
●フラッシュ計算
創造力
●「記憶力」「処理能力」「理解力」がともなってはじめて「想像力」＝イメージによって出力される

るコンピュータの中枢部です。

「キーボード」で入力し、「CPU」が自分のことばに変換した情報（データ）は、すぐに保存しないと、もし、電源が切れたらすべて消えてしまいます。そのため、保存場所として「ハードディスク」など（他にCD－Rなど）があります。これが『記憶』にあたります。ここまでが、おもに「右脳」の機能だといえるでしょう。

「CPU」の計算能力の部分、そして、入力によって作られ、保存されている情報を人に渡すために印刷＝出力する「プリンター」や、ネット経由でデータを外部に送信する機能などが人間の「左脳」の機能にあたります。

コンピュータの『処理能力』は、「CPU」のクロック周波数という性能が「速く」なればなるほど高まります。「何百メガヘルツ」とか「何ギガヘルツ」という単位で表されている「周波数」が速くなればなるほど、コンピュータの性能が向上するのです。

これと同様に、「右脳」と「左脳」の処理能力も、より「速く」することができれば、より大きな「潜在能力」が発揮できます。

コンピュータと脳

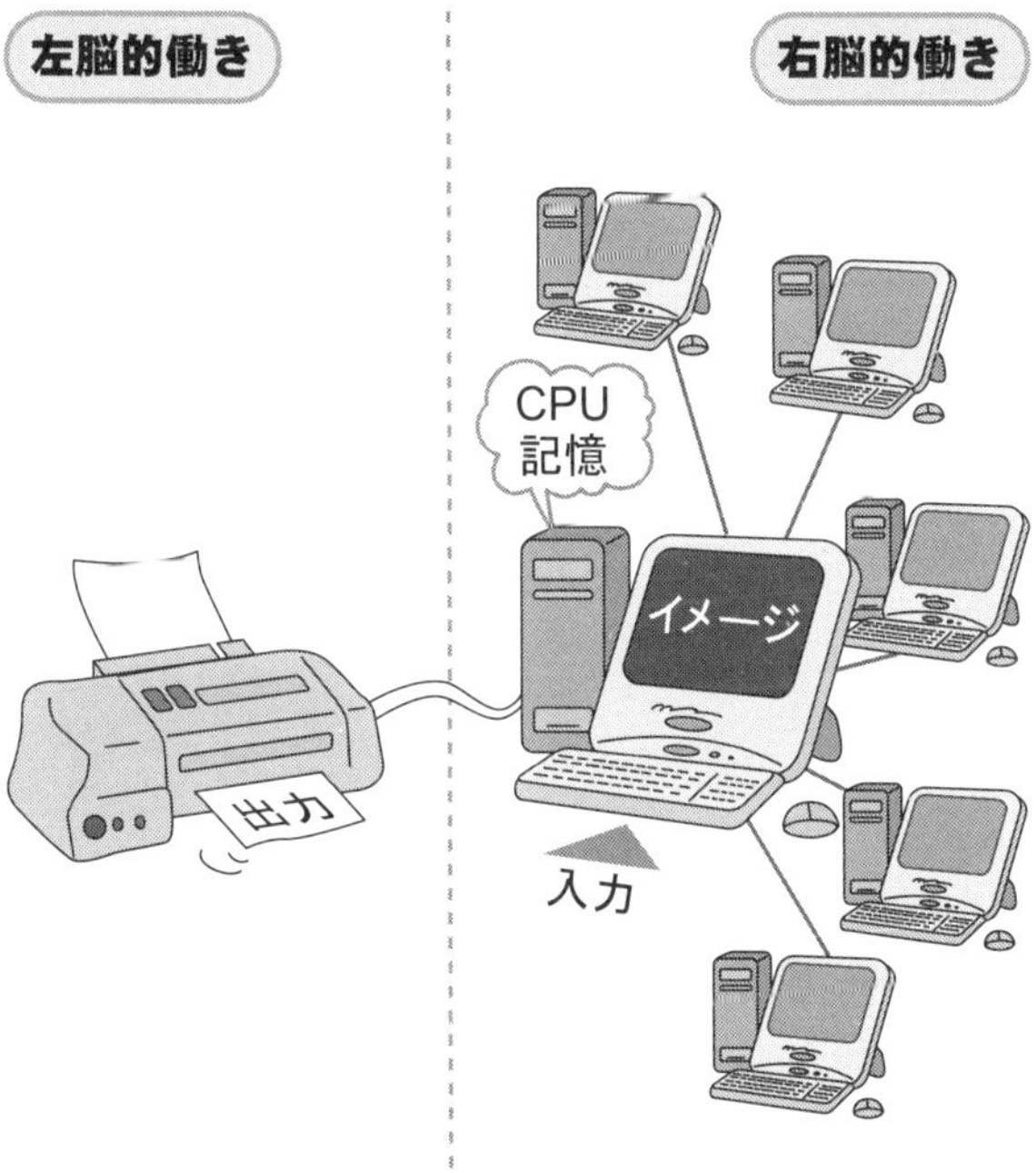
左脳的働き
右脳的働き
CPU
記憶
イメージ
出力
入力

四つの能力から生まれる「集中力」がポイント

さて、「人間の脳にあって、コンピュータにはない能力」は、いくつかあります。その一つは「イメージする能力」です。

コンピュータが持つ「高速処理能力」「理解力」「記憶力」の三つの機能に人間の「イメージする能力」＝「イメージ創造力」が加われば、「総合基本力」の四つの能力がそろうことになります。

この四つの能力がバランスよく伸びることで生まれるのが、もう一つの大切な力である「集中力」です。

一つのこと、たとえば「読書」をはじめたら、それに集中して、その日の目標のページに達するまでは他のことに気を散らしたりしない、ということが大事です。たとえば途中で多少飽きてきても、そこでテレビを見たりせず、最後まで集中します。

優れた学者やアスリート（スポーツ選手など）、芸術家などは、研究やトレーニングにおいても、芸術表現でも、とにかく一つの目標に集中します。ずば抜けた集中力が、素晴らしい成果を生み出すのです。

この「集中」がなかなかできない、という人は、勉強や読書などをはじめる前に、「お腹に手を当てて、目をつぶり、ゆっくり呼吸する」というリラックスする方法をやってみるといいでしょう（六一ページ参照）。

三分間くらいそうしていると気持ちがリラックスして落ち着き、それまでより集中しやすくなるはずです。一分間でも三〇秒間でも、このリラックスの時間をとると、集中力にずいぶん違いが生まれると思います。

もう一つコンピュータにはない機能が「気持ち」＝「感情」です。それは「心」といい替えてもいいでしょう。

人が持つ素晴らしいものの一つ、それが「感情」であり、「心」だということも忘れないようにしてください。

なぜ、「高速処理能力」が大切なのか

ヘーグルの教育では、「速さ」がとても重要です。「フラッシュカード」も「速読」「速聴」も、「見る速さ」「読みとる速さ」「聞く速さ」によって、右脳と左脳を活性化し、「潜在能力」が引き出されるのです。

また、同じ作業を一〇分で処理できる人と一時間かけて処理する人では、一〇分の人のほうが「処理能力が六倍高い」わけです。「高速で頭が回転する」と、もし同じ時間だけ処理をすれば、「六倍の作業を処理」できます、これがとても大事です。

とくに、「速読力」が重要だという、一つの例が、偉人伝学者のオストワルドが挙げている「偉人になった人の条件」にありました。

オストワルドは、数千人もの「偉人」といわれる人の共通な部分を研究し、共通点が二つあると結論しました。

一つめは、偉人となった人は、おしなべて「読書家」であったということです。これも家族の影響が大きいのです。幼児期に読み聞かせをしてあげると、自然に本を読む習慣がつきます。

【偉人の共通点】

その1　読書家である

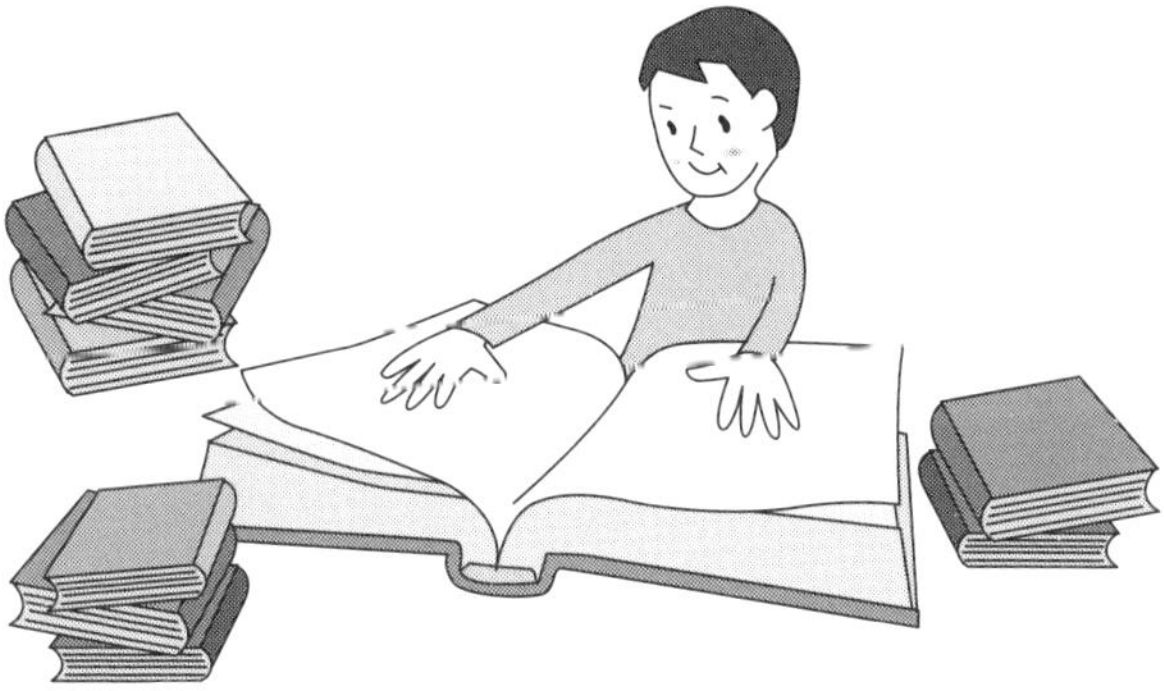

その2　まわりからプラスの暗示を与えられている

脳の中にことばを理解する言語中枢があります。その一つであるウェルニッケ中枢がことばを理解するときには、必ず「音声化」という過程を通ります。目で見た文字であっても「音声」に変えて理解するのです。

たとえば、テレビドラマでだれかが手に持った手紙が大写しになり、その文字が画面上で読めたとしても、それだけでは見ている人に情感はあまり湧きません。ところが、手紙を書いた人が、その手紙の内容を話すように読む声が聞こえてくると、「ああ、そんな気持ちだったのか」などとしみじみとした情感が湧くのです。

「読書家」がなぜ「偉人」になるのかという理由ですが、「コップの原理」ということばで覚えいただくといいでしょう。

コップに水を満たしましょう。あふれそうになっても、かまわずどんどん満たし続けると、コップが大きければ、大きいぶんだけ水が入り、入りきらなかった水はすべてあふれて出ていきます。水があふれるとコップの中の水量は変わりませんが、そこにはあとから新しい水が入ってきています。

水を「読書による情報」と考えると、右脳には、どんどん「新しい情報＝水」が入ってきて、あふれた「情報」はどんどん出ていく、というイメージです。

右脳に「読書の大量の入力」がおこなわれたときに、はじめて、左脳からの「知識の大量の出力」ができるようになる、ということです。

元東京大学教授の野口悠紀雄氏も、『「超」勉強法』などの著書の中で、脳には、情報をできるだけたくさん入力しなさい、といっています。大量の情報が入力されたときに、はじめて、大量の出力ができるようになるのです。

「波動読み」で数十秒で本を一冊読む、といった高速処理の速度を、たとえば、数秒で一冊、とどんどん上げていくと、ふつうにゆっくり読むときの速度もいっしょに上がっていきます。脳の「高速処理能力」が上がり、「総合基本力」全体としても能力が上がっていくのです。

偉人の共通点のもう一つは、本人を含めて周囲もみんな「プラス思考」であること。お父さん、お母さんをはじめ、家族や友人たちから、「あなたならきっとできるよ」とか「必ずうまくいくさ」といった、プラスの暗示がたくさん与えられていた、というのです。少年時代のエジソンなどもそんな環境だったのでしょう。

こうした暗示は、そのうち自分で自分にかけることができるようになり、「きっと成功する」と自分で確信するまでになります。

処理能力が高速化すると「余裕」が生まれる

ヘーグルの卒業生で、ルービック・キューブの六面すべてを「二七秒」でそろえることができる子どももがいました。ヘーグルの教育によって、ルービック・キューブの達人になった、というのではなく、「右脳と左脳」を活性化し、「高速処理能力」を身につけて、能力アップにつながった例です。

ある高校生の女子は、ヘーグルの講座を四回受講し、毎朝、「目訓《めくん》」という目のトレーニングをおこなったあとに暗記などの勉強をしたことで集中力がつくという効果が出たということです。

また、この生徒は、一五分間モーツァルトを聞きながら勉強し、五分休憩するという方法（「一五分学習」）も実践しました。

その結果、以前は一日五時間勉強をしていたのですが、四〇分程度の勉強時間でテストの成績がアップするようになったのです。彼女は、「自分の頭の中に、無限にいろいろなことが記憶できるようになった」とコメントしています。ちなみにこの彼女は、バレーボール部の部活でも活躍しています。

右脳と左脳の「処理能力」が高速だと、「大量の入力」ができることで、「五時間の勉強時間が四〇分間程度に短縮」されるということです。

勉強時間が短くなったぶん、その他の、もっといろいろなことを学ぶ「心の余裕」も生まれ、趣味やスポーツなど好きなことに打ち込む時間が生まれるのです。

「理解力」でイメージを完成する

算数に強くなりたい、算数に強い子にしたいと思っている方は多いと思います。それでは、「算数に強い」人には、どういう力があるのでしょう。

「四つの能力」の一つ、「理解力」には、文章理解力と算数的空間把握能力があります。

この「算数的空間把握能力」のほう、これが算数の力の基礎なのです。

加減乗除やパズルのような問題、図形問題などのいろいろな算数の問題を解く力も、空間把握能力という「理解力」の一つです。この空間把握能力も文章を理解する能力も最終的にはイメージする力につながっています。

小説などの文章を読んだとき、作者が作品を書いたときに、どんな気持ちだったのか、登場人物はどんな人か、作品の舞台はどんな時代で、どんな社会的な背景があってその作品になったのか、そういう情景全体がイメージとして見えてくることが文章の「理解力」がある、ということです。

たとえば、人物がどんなことを話していたか、それがその後どう変化したか、といったことを見ていくうちに、作品の中で経過している時間、過去と現在と未来がわかってきます。そこに入り込めるわけです。

こういう思考を進めるときに必要になるのが、「記憶力」であり、「高速処理能力」なのです。最後に、この「理解力」によって「イメージ」となり、「理解」全体ができあがります。

「四つの能力」の四番目、「創造力」＝「イメージ創造力」というのは、残り三つの力がともなわないと発揮できません。「イメージの創造」ができて、はじめて最終的な「アウトプット」＝外への出力が可能になるのです。小説であれば、あらすじを人に話すとか、感想文にまとめる、といった形です。

「アウトプット」の「イメージ創造力」は勉強だけではなく、ビジネスや社会生活、スポーツ、音楽・芸術など限りないフィールドで発揮されます。

「四書五経」の「気高さ」に触れる

幼少期、小学生期が、「人間の土台を作る重要な時期」だということにはすでに触れました。「ＩＱ」が伸びて、勉強ができるようになるだけでなく、人間的な成長が不可欠な時期という位置づけです。

勉強においても、スポーツにおいても、人間には「壁」が必ずあります。この「壁」を自分の力で、または、みんなの力で工夫して乗り越えていく能力、それが、「心」と「人間の土台となる力」なのです。

ヘーグルでは『「心」と「人間の土台となる力」の講座』で、四段階のステップを用意しています。

第一段階では、「心を育てるプログラム」を実施しています。

年少以上のすべての授業で「心の話」の時間を設けて、子どもたちに、「心」の大切さについて話しています。子どもたちがすぐに理解できるようなレベルでの、かみ砕いた話もしますが、中国の代表的な書物、「四書五経」についても話を聞かせます。

「四書」とは、「大学」「中庸」「論語」「孟子」のこと。「五経」とは、「書経」「詩経」「易経」「春秋」「礼記」のことです。

年少、年中くらいの子どもたちには、深い内容は、まず理解できません。ただし、頭でわからなくても「体全体の細胞が聴いている」といういい方ができると思います。大切なのは知識として理解することではなく、「崇高な東洋の知性、高邁な心に触れること」なのです。

これはすべて、のちに芽吹いて成長し、花を咲かせ、結実することになる「種まき」としての意味を持ちます。

日常的に、「知性の気高さ」を体感することが、「人間の土台としての心」を築くこととなると確信しています。

江戸時代には、多くの藩に「藩学（藩校）」という武士の子弟が学ぶ勉学の場所がありました。そこでは、四歳、五歳くらいから、「四書五経」をすべて暗誦させられました。

膨大な量の書物を完全に暗記しなければなりません。当時も、内容を理解するというより、「大量に入力する」ということが重視されたのです。

「心」と人間の「土台となる力」をバランスよく育てる

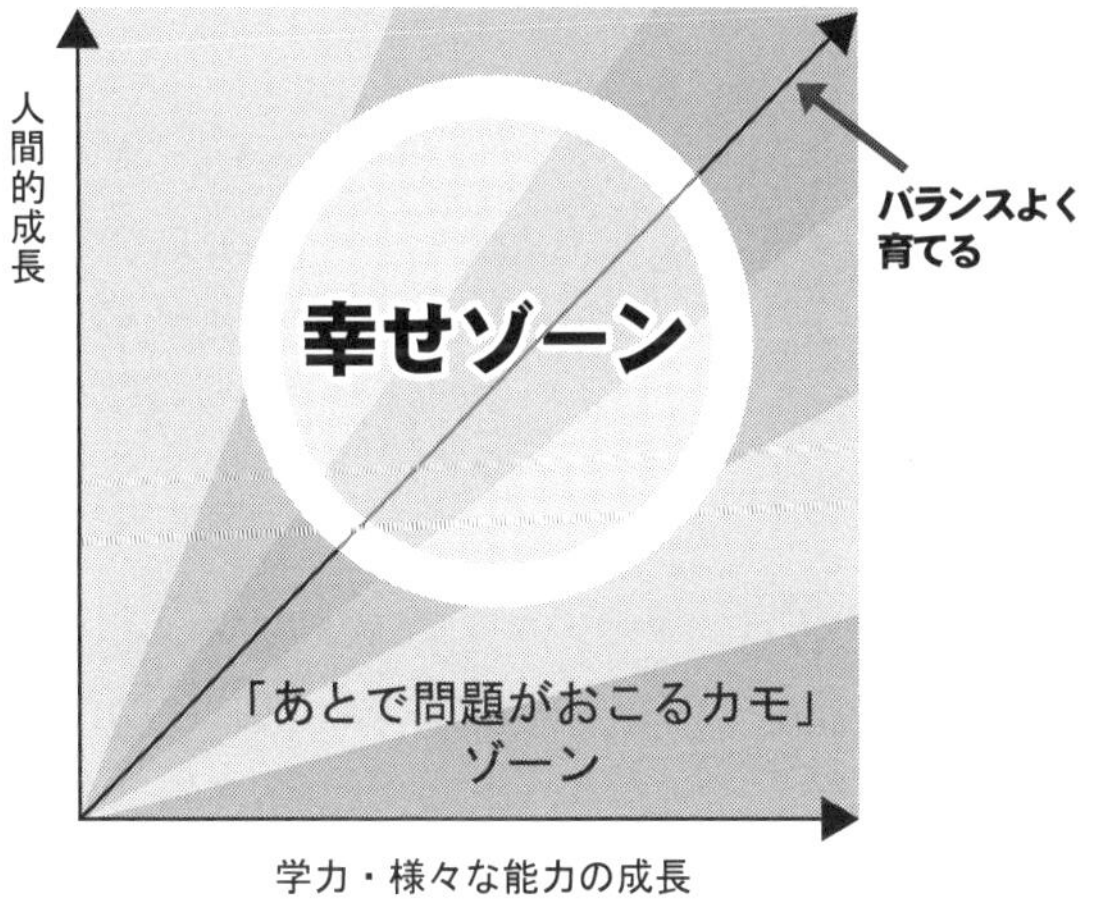

幸せゾーンに入るために…

1. 年少以上の全クラスで
「心を育てるプログラム」を実施

2. 小学生以上が受講できる
「人間学講座」の実施

3. 人生で成功するため考え方やリーダーとなる資質づくりをする**「PAD*講座」の実施**

4. 親と子が共に学び成長するための楽しい
「親と子の共育大学 講座」の実施

*「PAD」とはPotential Ability Developmentの略で「潜在能力開発講座」といいます

現在の山口県・萩市にあった吉田松陰の松下村塾でも、この「四書五経」を徹底的に学びました。

藩学や松下村塾で学んでいた武士やその子弟たちの目標は、江戸時代に、当時の勉学でのトップクラスの人たちが学んでいた、東京・湯島の昌平坂学問所で学ぶことでした。この学問所には、「四書五経」をそらんじることができなければ、一切、入所が許されなかったといいます。

「四書五経」という書物が秘めている「気高さ」と、そこから滲み出る「素養」「教養」といったものを肌から感じ取り、「世の中のことわりというのはこういうものか」「人はこうして生きるものなのか」と学びながら成長することが、現代の子どもたちが「心」を育むことにもっとも効果があると思います。

一〇〇人の耳が先生に集中するわけ

「心」と「人間の土台となる力」の講座の二つめとして、小学生以上が受講できる「人間学講座」があります。

自問清掃をする子どもたち

人間学講座の様子

この講座の前に、全員、ぞうきんを持参して、「自問清掃」をおこないます。「自問清掃」では、校舎全体とまわりの街路などを、感謝の気持ちを込めてきれいにします。公共の場の大切さの自覚、次に使う人への思いやりなど、自己から周囲、そして、他者への配慮が生まれます。

こうしてすっきりと「心を磨き上げて」から「人間学講座」を受講します。

この講座も、「四書五経」やそれに準ずる中国古典などのお話が中心です。これも、むずかしいのでは？　と思われがちですが、深遠な哲学でもわかることばで伝えることで、子どもたちは楽しみながら学んでいます。

私たちがこの講座で「心を育む」ための話をしている間、一時間半ほど休憩なしで、一〇〇人くらいの子どもたちは集中して話を聞いています。半分くらいの子どもたちは、きちんと正座をして聞きいっているのです。

ところが、いま、一般の学校では、たった四五分の授業で、生徒たちは授業を聞くどころか教室を歩き回り、甚だしい例では、教室の後ろでキャッチボールをしていることさえあります。

こんな「学級崩壊状態」になる原因ははっきりしています。「スタートが悪い」のです。

小学校一年のときにきちんと教えなかったことが問題です。

最初に「バシッ」と教えなければ、あとで治そうとしても無理なのです。そして、講師も真剣勝負で話をする。そんな雰囲気の中で、講義は静寂のうちに進められます。また、父母も同時に参加して話に聞き入っています。

ヘーグルのクラスでは一〇〇人の子どもたちが先生の話に集中しているのに、「学級崩壊」のクラスでは二〇人の生徒たちを、先生はコントロールさえできません。完全に生徒たちになめられています。

これも「心を育む」ことの大切さをはっきりと示しています。

三番目は「ＰＡＤ講座」です。これは、ここまでにご説明してきた「潜在能力開発講座」のステップです。

四番目が、「親と子の共育大学 講座」。お父さん、お母さんとお子さんがいっしょに、「基本講座」を手始めに「心」「健康」「右脳」「左脳」という分野で構成された一四の講座で学びます。

第一講座「基本」を受講すると、なによりも「親自身の成長」がいちばん最初に必要だということに気づかれると思います。この講座によって、おとなも子どももといっしょに学び、人生を好転させていくことができる、だからこそ、「共に育つ大学」＝「共育大学」なのです。

内容としては、心理学を中心として、「食育」「知育」「体育」「徳育」をどのように工夫すれば、バランスよくおこなえるかというヒントが凝縮された講座群です。子育てをよりよいものにしていく「コツ」がたっぷりと含まれています。

この「心」と「人間の土台となる力」をしっかりと育てることで、私たちは、教育によって「ひとかどの人物」を作ろうと考えています。「人間を育てる」だけにとどまらず、その中からさらに傑出した人物を育てるのです。

「ひとかどの人物」というのは「優れた人の中でもとりわけ傑出した人物」といったところでしょうか。そういう「人物」を輩出する教育を築き上げていかねばならないと考えています。

「もう一つのモノサシ」が可能性を引き出す

「ゆとり教育」見直しの影響で、四〇年ぶりに全国学力調査がおこなわれるようになったり、公立校が衰退しているなどという現象が伝えられたりしていることから、「受験熱」がどんどん過熱しています。

そのため、学年が上がっていくと、親は、どうしても「成績」「偏差値」といった面から子どもの現状を判断してしまいがちです。そして、なんとか「成績がよくなるように」子どもをしむけよう、勉強をさせようとするのです。

親にとっては、子どもをどういう風に客観的に見ればいいのか、という「モノサシ」が「成績」や「偏差値」となってしまうのです。

本書を読んでいただいている皆さんも、きっといろいろな情報を集めて、子どもをどこにいかせればいいのだろうか、など試行錯誤をされるでしょう。子どもに対して「ここを受けてみなさい」という展開にもなるでしょう。

けれども、もうおわかりのように、現状での「成績」や「偏差値」の数字という「モノサシ」は、その子の能力のすべてを表しているわけではありません。そこで判断してしまうことには大いに疑問があるのです。

子どもはそれぞれ成長する速さも内実もまちまちです。みんなより遅い子どももいます。速く伸びればいいというわけでもありません。子どもの成長度をよ～く見て、目の前にそびえる山を見る必要があるのです。

体力が足りない子どもに、険しい山に走って登りなさい、といってもそれは無理なこと。もし、無理矢理登らせることができたとしても、子どもが本当に自分の力で登ったことにはなりません。

その子の「右脳と左脳」が秘めている「潜在能力」やこれからの可能性、人間の幅、心の広さ、そういった、「総合基本力」を踏まえた「もう一つのモノサシ」で子どもたちを見ていただきたいのです。

「もう一つのモノサシ」で見たら、おそらく「可能性がい〜っぱいあるじゃない！」と、子どもの「いいところ」が見えてくるでしょう。そうなれば、「いいところをほめる」「はげます」ということもできますね。

そして、その子がもっと成長するまで、親が「待ってあげる」こともできるようになると思います。

すると、子どもは「自分の可能性が認められた」という意識＝自信を持ち、その自信が「次の可能性を開く」ことになります。

「可能性が見える」→「自信がつく」→「能力が引き出される」→「新たな可能性があら

【もう一つのモノサシ】

今の成績だけで判断する左脳重視型お母さん
やらされている
がんばりなさい いい点数 とりなさい!
いい点とらないと…
遊びに行きたいな
ハァ
これからどうしよ
自信が持てない…
将来の姿
子供の伸びる可能性を認めてあげるお母さん
自らやる
できるよ
できるぞ
ワーイ
すっきりした気持ちでやる気に
自信
パワーアップ
才能を開花させる
将来の姿

われる」、という「よい循環」に入ってこそ、「子どもの可能性は無限に伸びはじめる」のです。

「右脳と左脳」の活性化から、この「よい循環」に導くこと、これが、子どもにとっても、また、おとなにとっても「無限に伸びるキャパシティ」を作り上げる「超ＩＱ革命」となるのです。

子どもとの対話で生まれたトレーニング

イメージを刺激するメソッド

ヘーグルの教育は、すべて子どもたちとの対話の中で生まれました。子どもたちがどんなことに関心を示し、どんなふうに興味を広げていくのかということをベースにして、多彩なメソッドが組まれています。

「フラッシュカード」による記憶法もそんな方法の一つです。

ヘーグルの教室での保護者の皆さんを対象とした説明会では、三〇枚のカードを記憶する体験をしていただいています。その「フラッシュカード」の記憶をここで体験してみてください。

たくさんのカードを覚えるときに、絵の内容を一つながりの「お話」にして右脳でイメージとして覚えます。最初は、一五六・一五七ページのカードだけを見て記憶してみてください。次にそれぞれの「お話」を覚えてイメージをふくらませてから、どのくらい記憶が向上するか体感していただきたいと思います。

1, 太陽……………太陽がでたある日
2, お父さん…………お父さんが
3, 帽子……………帽子をかぶって
4, 新幹線…………新幹線に乗りました
5, ざぶとん…………すると、目の前にざぶとんがあって
6, うさぎ……………うさぎがいます
7, 太鼓……………すると、うさぎは太鼓をドンドンとたたきはじめました
8, 雨………………いきなり雨が降ってきて
9, 大根……………雨といっしょに大根もたくさん降ってきたのでひろって
10, いえ……………いえに持って帰って
11, おかあさん…………おかあさんに大根をあげました

12、みそしる…………そして、おいしいみそしるを作って食べたあと
13、蜜柑……………蜜柑も食べました
14、イルカ…………そこにイルカがやってきて
15、運動会…………いっしょに運動会にいきました
16、長靴……………そこでは、長靴をはいた
17、お姉さん………きれいなお姉さんが
18、鬼………………鬼と競争をして勝ちました
19、イチゴ…………そして、ごほうびにイチゴと
20、りんご…………りんごをもらっていました
21、空………………空が暗くなり
22、月………………月が出ました
23、うさぎ…………そこにまた、うさぎがやってきました
24、さる……………ともだちのさると
25、ぞう……………ぞうと
26、きょうりゅう……きょうりゅうを連れてきました

5

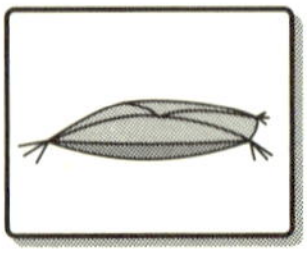

ざぶとん

6

うさぎ

7

太鼓

8

雨

13

蜜柑

14

イルカ

15

運動会

16

長靴

21

空

22

月

23

うさぎ

24

さる

29

顔

30

鏡

1
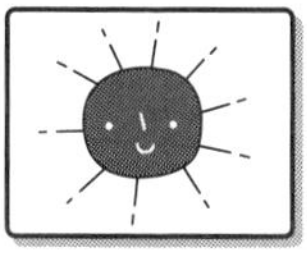
太陽

2

お父さん

3
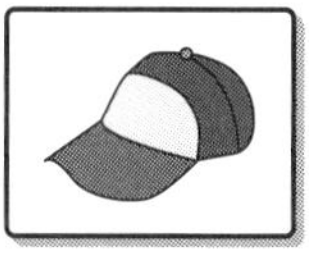
帽子

4
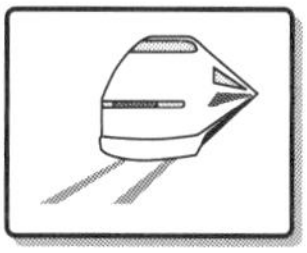
新幹線

9
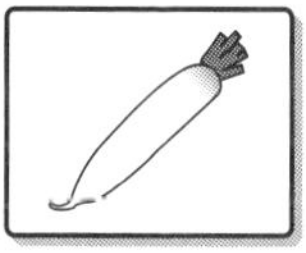
大根

10

いえ

11

おかあさん

12
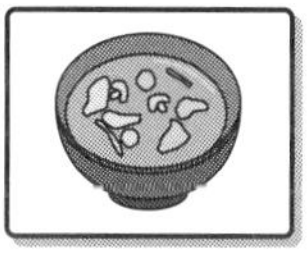
みそしる

17

お姉さん

18

鬼

19

イチゴ

20

りんご

25

ぞう

26

きょうりゅう

27

太鼓

28
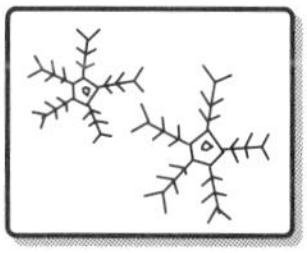
雪

27, 太鼓……………そして、また、太鼓をドンドンとたたいたら
28, 雪……………こんどは雪がふってきました
29, 顔……………みんなの顔を見たら
30, 鏡……………鏡のようにかがやいていました

いかがでしょうか？　カードだけを記憶しようとすると大変ですが、「お話」として覚えると、イメージがわいてきて、カードの映像も順番に頭に浮かんでくるのではないでしょうか。

こうしていったん覚えると、しばらくしても、「太陽がでたある日、お父さんが、帽子をかぶって……」と自然に思い起こしてしまうくらいになります。カードを読み上げ、「お話」をする「音声」が加わると、耳からの刺激も手助けしてさらに記憶しやすくなります。

これが右脳を活用した記憶法です。この方法で、イメージと関連づけながら覚えると、たとえば、社会科などで、戦後の歴代の日本の首相を覚えるといったとき、二九人いるのですが、一度覚えたらもうけっして忘れなくなります。

また、イメージをふくらませる「お話」を工夫しておもしろく作れば、覚えること自体

が楽しくなってきます。

右脳の集中はイメージ・トレーニングで

教室の説明会では、心地よい音楽と、簡単な呼吸法などでリラックスしていただき、右脳の働きを体験していただきます。

左脳の集中は、「言語」の脳ですから「頑張るぞ！」などとことばにして気合いを入れることである程度できます。ところが、右脳の集中は「よしやるぞ」という「ことば」でできるものではありません。

右脳はイメージの脳ですから、イメージ・トレーニングの中で、「集中」をおこないます。

まずは巻頭にある口絵1を準備してください。

1, 図をじっと見つめます。残像を見るトレーニングです。一分以上、まばたきをできるだけせずに、真ん中の小さな止方形を見つめます。集中して見つめて、まばたきをしても、また見続けます。

2, 「5・4・3・2・1・0」と数えて目を閉じます。残像が見えるはずです。

3,「5・4・3・2・1・0」と数えて目を開き、残像がはっきりと見えるようになるまで、数回繰り返します。

口絵2も同じやり方です。

口絵3は、真ん中の白い丸を集中して見続け、先ほどと同じように残像を残します。

口絵4に関しては、中央の青い四角全体を見続け、同じように残像を残します。これで、右脳の集中がおこなわれます。

イメージを見るトレーニング

目を閉じて、額に人差し指をあてて、「赤い太陽が見えてくる」とイメージします。赤く暖かい太陽です。次に「黄色い満月」をイメージします。月からのエネルギーが体に入ってくるイメージです。次に「緑の森」をイメージします。森の香りも感じるようにイメージします。

次に、「空や海の青色」をイメージします。美しい青色が広がって、自然のエネルギーが体に伝わってきます。次に、「紫色の雲」をイメージします。その「紫色の雲」が破れて、そこから「金色の光」がさしてきます。

「金色の光」はあなたの頭いっぱいになります。「金色の光」の中で、あなたがやりたいことをイメージします。「金色の光」に包まれてあなたはやりたいことを成し遂げています。「金色の光」とともにあなたはやりたいことを必ず成し遂げられます。やりたいことを成し遂げたあなたは、もといた場所にもどって、ゆっくりと目を開きます。

こうしたイメージ・トレーニングで右脳を刺激します。

リラックスするためのイメージ・トレーニング

イメージ・トレーニングでは、この他、「海をイルカと自由に泳ぐ自分」をイメージするトレーニングなどもおこないます。

この「自由なイメージ」のトレーニングの目的は「リラクゼーション」です。

まず、自分なりに深い呼吸をします。腹式呼吸（六一ページ参照）ができる方は、ゆったりと腹式呼吸をしてください。自分なりにリラックスできる呼吸でいいのです。

1，海辺に立っているあなた

しずかに目をとじてイメージしてみましょう。

あなたは、海辺に立っています。目の前にはエメラルドグリーンの海が、見渡す限り、ずっとむこうまで広がっています。

あなたは水着姿です。はだしで砂浜に立っています。とてもきれいな白い砂浜です。太陽がさんさんと照り、あなたにエネルギーを与えてくれます。

体がいつの間にかポカポカと温かくなってきます。あなたは、ゆっくりと歩いて海に入ります。一歩、一歩、海のほうに歩いていきます。

2，海の水があなたを癒してくれる

砂浜がぬれたところまでくると、歩きやすくなります。やさしい波があなたの足をぬらします。とても気持ちのいい水です。あなたは、一歩、一歩ゆっくりと海の中に入っていきます。

海の水は、ひざまできました。また一歩、一歩ゆっくり進むと、水は腰まできて、さらに胸まで、そして、もう一歩いくと水は肩まできました。

海の水を感じてみましょう。あなたの体の悪いところを、海の水が溶かしだして、洗い流してくれます。その代わりにいいエネルギーがあなたの体の中にどんどん入ってきます。あなたはポカポカと体が温かくなり、とても気持ちのよい状態です。

3，海の中を泳ぐあなた

さあ、海の中に潜ってみましょう。あなたはうまく潜って泳ぐことができます。あなたは散歩をするようにゆっくりと海の中を自由に泳いでいます。いいエネルギーがどんどん入ってきます。

海の中でも苦しくありません。いきたいほうに自由に泳いでいけます。たくさんの魚が泳いでいるのが見えます。いろいろな魚がきれいな水の中を泳いでいます。たくさんの海藻がゆらゆらと踊るように揺れています。

太陽の光が海の中まできれいな線を描いてさしてきています。

むこうにサンゴ礁が見えてきました。サンゴ礁には、色とりどりの魚が群をなして泳いでいます。あなたは、体が軽くなるのを感じています。だんだん体が軽くなっていきます。自分の体が、海と一体になるような感覚です。

1.海辺に立っているあなた

2.海の水があなたを癒してくれる

3.海の中で泳ぐあなた

4.イルカに乗るあなた

5.深海で海と一体になるあなた

4，イルカに乗るあなた

一頭のイルカが近づいてきました。イルカはあなたのそばに寄り添うようにして離れません。あなたに背中に乗るようにいっているようです。思い切って背中に乗ってみましょう。あなたはイルカの背中に乗ります。するとイルカはすごいスピードで泳ぎはじめました。海の中の散歩に連れていってくれています。あなたはしっかりとイルカの背中にしがみついています。

すごい速さの流れを感じます。海の中の景色も流れるように飛んでいきます。あなたはとてもいい気持ちです。

5，深海で海と一体になるあなた

イルカはあなたを深い海に連れてきました。太陽の光がうすくさしているところです。深海魚のような見たことのない魚が泳いでいます。イルカといっしょに深い海を散歩します。とてもいい気持ちです。なんだか、自分の体が海に溶けてしまいそうなくらい、いい気持ちです。自分の意識だけがうっすらと感じられます。海と一体になっているような感じです。

とてもリラックスして、体の具合の悪いところはぜんぶ海に流れ出てしまいました。あなたはイルカといっしょに、深海をただよっています。とてもいい気持ちです。

ゆっくりと「5・4・3・2・1・0」と数えて目を開きます。

「残像」がさまざまな色に見えるトレーニング

次に、「まぶたを閉じると見える目の残像が、まぶたを開いても見えるようになる」といった体験をします。

口絵1～4のそれぞれの図形をじっと見つめてください。まばたきをできるだけせず、一分間以上見つめて、「5・4・3・2・1・0」と数えて目を閉じます。そこに残像が見えてきます。残像が見えたら、「5・4・3・2・1・0」と数えて目を開き、もう一度同じ図形を見つめます。これを繰り返すことで、目を開いていても「白い壁」などの上に残像がはっきりと見えるようになります。

このトレーニングを繰り返すと、残像がさまざまな色に変化して見えるようになります。

こうしたトレーニングを続けることで、右脳と左脳を活性化し、勉強や仕事、芸術、スポーツなどさまざまな方面で、「潜在能力」を発揮できるようになります。「潜在能力」にとどまらず、生活でのイメージ力が向上し、前出のお医者さんの例のように「人生がイメージした通りに運ぶようになった」という方がたくさんいらっしゃいます。

勉強やスポーツ、仕事の面で向上するだけでなく、「人生の質」も好転させ向上させる、それが、本書が目指す、「超ＩＱ革命」のイメージなのです。

第三章

成功するために何をすべきか

なぜ、プラス思考でなければならないのか？

能力が伸びれば、だれでもうれしい！

いま、勉強ができなくて、成績がどうしても悪く、「どうせ、ボクは勉強なんてできなくてもいいんだ」などとうそぶいているような子どもをよく見かけます。口ではそういっているのですが、そんな子どももきっと過去には、本気になって勉強に挑戦したことが一度はあるはずです。

仕事でも同じではないでしょうか。自分は努力してもこれ以上のことはできない、というまではあきらめている人でも、新入社員のころを思い起こしてみてください。いろいろなことにチャレンジしてみたのではないかと思います。

だれだって、「もっと勉強ができればいいな」「もっと仕事の結果が出せたらいいな」と思うのです。そして、「テストでいい点を取ろう」「親に認めてもらおう」「先生にあわをふかせてやろう」「上司を見返してやろう」「自分もできるということを証明したい」そんな気持ちで、やってみたことが必ずあるのです。

けれども、そのときは「やっても、やっても、ダメだった」のです。だから、いまは、あきらめてしまっている。

「なぜ、あきらめてしまった」のでしょうか？　それは、成果が出なかったからですね。では、姿勢をよくしたり、呼吸法を練習したり、「脳の使い方」や「記憶のメカニズム」がわかっていて、それをトレーニングすればうまくいくとすれば……。

だれもが、そのメソッドを自分でもやってみようと思うのではないでしょうか。それをシステムとして、きちんと教えている教室があって、そこで学べばグングン成績が上がるとしたら。そこの子どもたちや講座を受けたおとなたちがどんどん「ＩＱ」を伸ばしているとしたら、すごく関心がありますね。

結論ははっきりしています。

子どもたちもおとなも、自分の能力が上がって、喜ばない人はだれ一人いません。能力が上がれば、「もっとやりたい！」と思うのです。もうそうなれば、どんどん自分で勉強し、仕事もバリバリこなしはじめます。「自学自習のスタイル」はきちんとしたステップを踏めば、無理なく身について、どんどん結果を出せるのです。

そして、「能力」もさらにグングン伸びることになります。

「失敗のイメージ」を乗り越える

ビジネスの現場で、管理職の方は、いままで、自分の部下をどういうふうに叱ったり、励ましたりしてきたでしょうか。

部下の中で、伸びている人、伸びていない人、また、同僚でも伸びている仲間、伸びていない仲間がいますね。それぞれの成長具合は、いかがでしょうか。

伸びている人は、仕事がきつくても、いつもニコニコしている人だと思います。伸びていない人は、なぜかいつも眉間にシワを寄せて、不機嫌な表情で仕事をしてきた人ではないかと思います。

上司は、「失敗するなよ！」とついつい声をかけてしまうかもしれませんが、声をかけられているほうは、「失敗のイメージ」を乗り越えるために必死です。「〜するなよ！」といいつつ「失敗のイメージ」を振りまいている上司の側は、まったくそんなつもりはないのですが、結果的に足を引っ張っているわけです。

本当は「成功のイメージ」をみんなで共有しなければなりません。

女子マラソンの高橋尚子選手が、レース前から表彰台に登り、金メダルを受け取ることをイメージしていたという例を本書の最初のほうでも例としてあげましたが、それくらい強い「ポジティブ・シンキング（肯定的な考え方）」ができれば、その効果はめざましく上がります。

アメリカの「成功哲学」の中に、「成功とは自分自身に価値のある目標を、段階を追って達成すること」だということばがあります。

「自分自身に価値のある目標」というのは、食事をすることも忘れて、給料や報酬が出ない場合でも、その「目標」のためには、すべてを後回しにしてひたすらそれに打ち込む、というくらいの「価値のある目標」です。

ふつうの仕事だったら、給料がもらえないとなればだれも働きませんね。「さあ仕事をしよう！」といつもいっていたとしても、それは「借り物のモチベーション」だったわけです。本当の「やる気」ではなかったということです。

たとえば、自分がスーパーマンのような、なんでも可能にできる能力を身につけていて、仕事も家庭も趣味も友人関係もうまくいっていて、人生になんの不足もない立場だと考えてみてください。

そして、ポケットマネーとして自由につかえるお金が三億円くらいあると。そんなあるとき、仕事が二週間ほど急に空いて、自由に時間をつかえることになったとしましょう。そんな場合に、なにをしたいか考えてみてください。

南の島にいってゆったりくつろぐか、クルーザーに乗って釣りでもするか、ニューヨークにブロードウェイの舞台を見に行くか、スイスにスキーをしにいくか……考えるだけならいくつか思い浮かぶでしょう。

じつは、そういうときにしたいことが、「本当にやりたいこと」と重なっているのです。それが、「本物のモチベーション」というわけです。

「成功のイメージ」を持つためには、そんな自由な想像力が大切です。「そんな、できもしないくだらない想像をしてないで、目の前のことを片づけろ！」などといっていては、その先の「成功」がまったく見えてきません。

「自信」は「成功実績」によってつく

それでは、「自分自身に価値のある目標」はどうやって見つけて、どうやって具体化していけばいいのでしょうか。

まだ「成功したことがない」人にとっては、なにが自分にとって価値があって、なにを目標にすればいいかさえもわからないでしょう。

そこからはじめましょう。

まずは、自分の「思い込み」や「先入観」といった「気持ちの上でのタガ」をすべてはずしてしまうことが必要です。それまでの束縛された自分から完全にフリーの状態になって、自由な発想で「想像力」を広げるのです。

同時に必要なのは、「自信」をつけること。よく、「きみはもっと自信をつければ伸びるよ」などとアドバイスする人がいますが、その「自信」がどこにいけば手に入るのか、たいていの場合、本人にはわかりません。

「自信」は「成功実績」によってつきます。

まだ「成功実績」を持ったことのない人は困ってしまいます。実は、ここでいう「成功実績」とは、イメージの中で作り出せばよいものなのです。「成功「自分が成功をしている姿」をイメージすることで、潜在意識の中から沸々と自信がわいてくるのです。

本物の「成功実績」に匹敵するものは、じつは「想像」、「イメージ」の中にあるのです。

「タラ・レバ」が成功のコツ

失敗しても「タラ・レバ」でいい

仕事などで失敗をした、うまくいかなかった、というときに、「こうだったらよかったのに」「あれができれば成功したのに」と負け惜しみのようにいうと、上司などの中には、「なにを、いつまでもできもしなかったことをいっているんだ。そんなことを考えているヒマがあったら次の仕事にかかれ！」という人がいるのではないでしょうか。

けれども、じつは「ああだったらよかったのに」という「タラ・レバ」は、とても有効なイメージ・トレーニングなのです。

というのも、右脳は「イメージしたこと」と「実際に経験したこと」の違いがわからないからです。

本書の第一章で、「梅干しを食べることを**想像しない**でください」「レモンを口に入れることを**想像しない**でください」という「右脳のイメージ力のすごさと左脳の働き」の実験をしました。

右脳は、実際には口に入れてもいない梅干しやレモンを想像し、体は「ツバを分泌する」という反応をしましたね。

ということは、「現実には失敗していても、右脳は成功体験としてイメージできる」のです。たとえ実際には結果が「失敗だった」としても、「もし、ああいうふうにやっていれば成功していた」と一〇回イメージすれば、そちらの「イメージでの成功体験」のほうが優位になります。

なにも「失敗した」という経験をいくつも積む必要はありません。「自分はずっと成功してきていて、次も成功する」とイメージすればいいのです。

これで、「自分は成功したんだ」という感覚がイメージの中で得られ、次にチャレンジするときに「前回も成功したのだから、今回も成功するだろう」と考えることができるようになります。

そのため、「タラ・レバ」は、徹底的に追及するべし、です。「こうだったらよかった」「ああやればよかった」をとことんまでイメージすること。その「失敗」がじつは「めでたく成功した」というイメージを完成することが次のチャレンジでの「本物の成功」につながるのです。

できれば、実際に成功した人の話を聞いたりすれば、なおのこと「成功のイメージ」を固めることができます。「自分はいまだかって失敗などしたことがない」と思えるほどにイメージできるようになれば、「本物の成功」にどんどん近づくことができます。

よくテレビのプロ野球の解説者などが、「野球に『タラ・レバ』は禁物ですから」などといっていますが、イメージ・トレーニングとしては、まったく逆、というわけです。「失敗は忘れよう」などと考えると、かえっていつまでも「失敗のイメージ」を引きずることになってしまいます。

うまくいったら成功する

「成功のイメージ」が得られたら、次に「本物のモチベーション」を獲得したいところです。「本物のモチベーション」を得るいちばんの近道は、「やる気」を持って、「行動する」

ことです。

とにかく行動するということが大事です。たとえば、「一人でアメリカにいってなにかを学びたい」という目標を思いついたとき、「いやあ、英語がからっきし話せないからダメだな」とか「やっぱり年齢的に無理かな」といった「自分にはできない」理由をつけて最初から行動しないことが、「消極的な自分」を作り上げてしまうわけです。

これを「自分にもできる」とするためには、想像力が必要です。無限大の想像力です。自分にはできなさそうなことだけど、ひょっとしたらできるかもしれないこと、これを自由に想像します。

「もし、成功したら」こうなる、とか「もう少し、英語が話せれば」こうできる、といったことを想像します。

そう、やはり「タラ・レバ」でいいのです。可能性を追求する場合は、「タラ・レバ」大歓迎です。

「お金があったら」「時間があったら」「英語ができれば」「体力をつければ」、と想像すれば、どんどん話がふくらんできます。

そして、想像は、だんだん具体的になって、イメージもどんどん「リアル」になってきます。たとえば、「アメリカにいって、ヘリコプターの操縦訓練を受け、免許を取りたい」とちょっとむずかしそうな「やりたい目標」を想像することもできます。

アメリカにいって、免許を取るスクールなどのシステムを調べ上げ、ヘリコプターの本を買ってきて、雪のロッキー山脈をバックに飛翔する最新型のヘリコプターのポスターを壁に貼ります。

ヘリの操縦席のポスターなどがあれば、もう、ほとんど操縦している気分になって、だんだん本物の「やる気」が湧いてくるはずです。想像力だけでも、ここまで具体的になるのです。

「目標のイメージ」は、どんどん「本物のモチベーション」に接近してきます。次のステップは、「実現するシステム」を作ることです。

「社員の夢」と「会社の夢」

「ある社員の夢」は、「アメリカでヘリコプター操縦士免許を取る」こと。これは、本当にやりたいこと、これ自体はすでに「本物のモチベーション」ですね。ただ、これだけでは現在の仕事へのモチベーションには直接つながりません。

そこで、必要なのが「システム」を作ることです。会社の経営者や上司は、この「社員の夢」と「会社としての夢」に「共通の通過点」を作り上げればいいのです。

つまり、「きみはヘリコプター操縦士免許をアメリカで取りたいんだって？　それじゃあ、年収一五〇〇万円くらいは取らないと、渡米費用も貯まらないぞ。二ヵ月くらいは休みも必要だろう。それなら、きみが一五〇〇万円の年収を取ることができて、二ヵ月休める仕事の態勢を会社として作り上げればいいわけだ」

と、「社員の夢」と「会社としての夢」とを重ね合わせるのです。そうなれば、それを実現するために、社員は、「本当のモチベーション」を持って一生懸命働くことになります。来月の給料が欲しくて働く、という「借り物のモチベーション」がここで「本物」に変化したのです。

会社経営者は、社員それぞれの夢をこのように「会社の夢」と一致させるだけでいいのです。あとは、社員が「本物のモチベーション」で必死に夢の実現のために仕事をするでしょう。

気持ちが「本物のモチベーション」となって、「やる気」がどんどん生まれれば、寝食も忘れてそれに打ち込みます。「もっと休みが欲しい」といった雑念もほとんど湧いてきません。湧いてくるのは「成功イメージ」というわけです。

この「イメージのシステム」を共有することができれば、「会社と社員」と同様に、学校の「生徒と先生」も「本物の目標」を共通にすることができ、一致させることができるのです。

それまでは負担に感じ、苦痛でさえあったこと、「仕事すること」とか、「勉強をすること」が楽しくてしかたがない、そんな方向に持っていけます。

「技術」を100%覚える四段階のステップ

「100%成功する技術」を身につける

仕事でも勉強でも、日常のことでも、一つのことを「成功」に導くには、やはり、「イメージ力」がものをいいます。「イメージ力」に裏づけられた「技術習得の四段階」を踏まえることで、「失敗」を可能な限り避けることができるのです。

前項で「成功イメージ」を得るには、「自信をつける」ことがいちばんの近道であることを紹介しました。

それでは、一度の「成功実績」で確実に技術が身につくかというと、そうとは限りません。「成功実績」は確かに「成功イメージ」を補強してくれますが、実践による感覚だけで覚えていることは、「100%再現できる」というものではありません。

スポーツ選手などは、これが原因でいつか必ずスランプに陥ってしまいます。成功を「100％再現」できなくなってしまうからです。

それではどうすれば「100％再現できる」ようになるかというと、そこには理論的な知識の裏づけが必要なのです。

実践的な感覚だけで「成功実績」を積んでいるだけでは、仕事でもそのうちに行き詰まりを感じる、勉強でも伸び悩む時期に入る、といったスランプが考えられます。「右脳と左脳」を活性化して、潜在能力を伸ばすという方法論にも、やはりこの技術は有効だと思います。

1，「理解」

第一のステップは、「理解」です。これは、認識することそのものです。自分自身でその「技術」についてイメージを持てばいいのです。

文字通り「『右脳と左脳』は活性化できる、それによって潜在能力を伸ばすことができる。結果として、仕事や勉強の効率が飛躍的に高くなる」ということが、この「技術」についての「理解」であり「イメージ」にあたります。

2, 「体感」

第二のステップは、「体感」です。たとえば、第二章の「フラッシュカード」を、一秒に何枚もめくって、三〇枚をその場で覚えるというと、それがふつうの覚え方ではむずかしいことが「体感」されます。

そして、カードの順番に「お話」を作って、イメージとリンクさせて覚えれば、すんなり記憶できることも「体感」できるわけです。「太鼓を叩いたら雨が降ってきて」と覚えれば、自然にカードの内容と順序が頭に入りますね。

つまり、「できない自分」を認識し、「できた自分」も認識させるということが「体感」です。

「体感」のステップで、もう一つポイントとなるのが、100%、自分で完璧にできたことを体験することです。ここで、「成功イメージ」としては「100%成功する」というイメージになっています。

3, 「体得」

「100%成功する」というイメージは、おもに右脳が記憶するのですが、そのまま

１００％成功する技術を身につける四段階のステップ

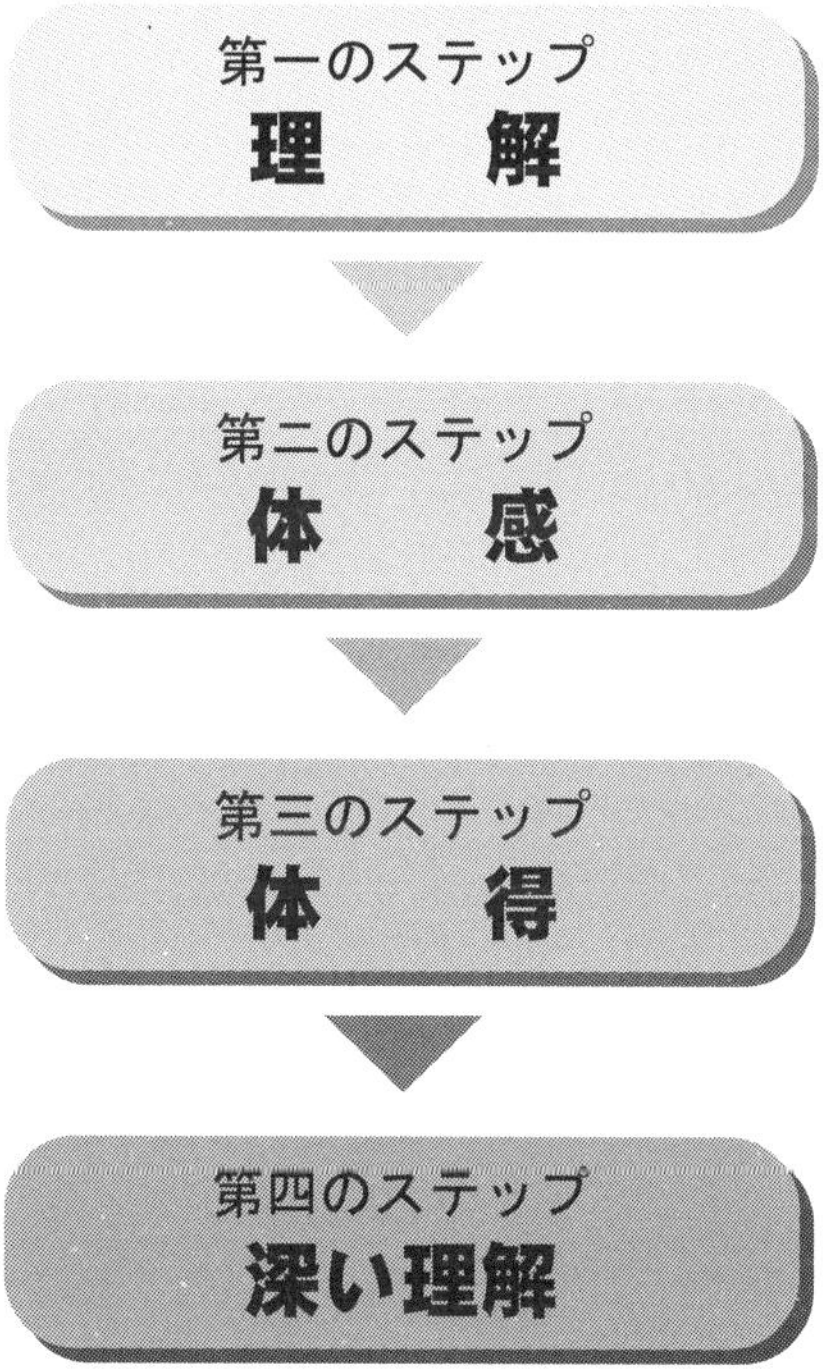

100%をずっと持続できる人はあまりいません。毎日、イメージが薄れていくのです。一日経ったら80%、二日で60%、40%と、忘れていくものです。

この記憶の劣化を防ぐには方法があります。毎日五分間でいいので、完璧に成功した状態、「100%の成功」を自分の体に「体感」させるのです。そうすることで、一日で20%忘れかけていたことを思い出し、再び100%に戻すことができます。

生理学的にも「間をおく反復」が効果的だといわれます。この「反復」を六日間続けておこなうと、「成功イメージ」を100%の状態で忘れなくなる、というのです。これが、「体得する」ということです。

4,「深い理解」

さらに、第四のステップとして「深い理解」があります。これは、自分が「理解」「体感」「体得」したことを、先生として人に教えることで到達できる段階です。

たとえば、「右脳と左脳を効率化するイメージ」という一つのことでも、人によっていろいろな「理解」の入り口があり「体感」の具体的なイメージがあり、「体得」のステップがあります。それを相手が納得するまでさまざまな角度から「教える」ことが、自分自身の習得度をアップさせるのです。

この、「理解」「体感」「体得」「深い理解」の四段階によって、自分自身の理論や知識と、それを裏づける実践的な経験を「技術」にまで高めることができます。これで、成功をいつでも「１００％再現できる」だけの「成功イメージ」も身につきます。

右脳の特殊な能力

最初の章で「じつは右脳はなんでも記憶している」という例をあげました。

試験の解答を、試験中には思い出せなくても、終わってから教科書などを見て「あ～そうだ！　これだった！」と思い出すという例です。

問題の答えである人名とか地名、年号や出来事の呼び名など、あとで見ると、「これだった！」と思うことがよくあります。「忘れてた！」といいますが、もし忘れていたのであれば、「こんなの見たことも聞いたこともない」と感じるはずです。

つまり、この人名や地名を「忘れていた」のではなく、しっかり「脳は記憶していた」

ということになります。

これは、右脳がどうやら「すべての経験したこと、情報を記憶しているらしい」ことを意味しています。そのメカニズムまでは科学的には解明されていませんが、もしかすると、ある人が人生で見てきたこと感じたこと、五感の情報から自分の体の状態、心拍数などまで、すべて記憶しているのかもしれません。

つまり、「覚えよう」という努力をしなくても、じつは「右脳はすべての情報を勝手に記憶している」かもしれないのです。

たとえば、一〇年くらい前に、友だちの部屋でいっしょに食べたタコ焼きが、買って何日も経って腐っていたのを、うっかり食べてしまいお腹を壊したことがあったとしましょう。

一〇年前の話ですから、そんなことがあったことさえ忘れているものですが、その友だちと久しぶりにあったとたんに、そのタコ焼き事件を思い出します。「そういえば、タコ焼きで腹を壊したな」と、事件があったことを思い出すと同時に、そのとき食べた感触から、どうも変だった味、その後のお腹の痛さまですべてを思い出すのです。

右脳は、そんなことまでなんでもかんでも記憶している、「無限大のハードディスク」

だといえるかもしれません。

要は、その右脳からどうやって必要な情報を取り出すか、ということがポイントです。

「感情を動かして右脳に記憶」

問題となるのは、右脳から「情報」を取り出すときに「書く」「話す」など左脳の機能を使わなければならなくなるということです。意識して左脳を使おうとすると、当然ながら脳の中のバランスが「左脳優位」にシフトしてしまいます。

「左脳優位」になると、せっかくの記憶を取り出せなくなります。どうすればいいでしょうか。

方法としては、記憶するときに「感情を動かして右脳に記憶する」ようにするのです。こうすれば、左脳を優位にせずに、情報を左脳のほうに引っぱり出すことができるようになります。

人が聞いたもの、見たものというのは、短期記憶を司る部分に一時的に記憶されます。時間が経つとその記憶はどんどん消えていくことがわかっています。「１００％の成功の記憶」が薄れていくのは、その記憶が短期記憶回路に記憶されている段階だからだといえるでしょう。

前項の「技術習得の四段階」は、「100％の成功の記憶」を短期記憶回路から長期記憶回路（右脳）に移していく作業です。このときに「感情を動かして右脳に記憶する」ことで、その記憶は一生涯消えないものになります。

たとえば、どうしても覚えられない理科の公式があったとしましょう。

「熱量」という言葉が出てきてときに、とても〝熱い〟ものを想像します。フライパンが何十分もコンロの上にあって煙が出ている様子を思い浮かべます。もし、それを触ってしまったら……。

この「熱い！」という感覚が、右脳に大きなインパクトを与えます。

このようなインパクトを与えられた時に、記憶は短期記憶から長期記憶へと移行します。

つまり、感覚や感情を伴って記憶するというのが、コツです。

そのいちばんの近道が、呼吸を腹式呼吸にして、脳波を「アルファ波」の状態にすることなのです。

感情が動くと記憶しやすくなる

記憶が得意になるコツ

まず、腹式呼吸をしやすい姿勢にして、自分が好きなことを想像すると脳波は「アルファ波」が出やすくなります。リラックスして、とても「楽しい」状態になるからです。

その上で、自分の目がビデオカメラになったつもりで、目の前の映像をビデオテープに録画していくのです。

そして、ところどころに印象が残る場面があれば、さきほどのように感覚が残るように仕向けるのです。

その時に、「覚えなきゃいけない」というプレッシャーをかけずに、自然体で行うのです。

授業内容は、右脳がしっかりとそのすべてを記憶してしまいます。しかも、リラックスした集中をしているので、生徒にとって、授業はアッという間に終わるように感じられます。

「授業がつまらないなあ」「早く終わらないかな」などと考えているのとくらべると、授業へのモチベーションもまったく違ってきます。あとでノートを見ると、その授業の光景をすべて思い出せるのです。

結果的に授業に積極的になり、脳が「アルファ波」の状態になることで授業内容も頭に入れば、生徒の成績もアップし、さらにモチベーションが増す、という「よい循環」に入ることになります。

人間の体には六〇兆個ともいわれる細胞があるのですが、考えてみると、そのほとんどすべてを人間は無意識のうちに動かしています。

人間にとって、一〇〇や二〇〇の事柄を同時に動かし、記憶することくらいわけないことなのです。

そう考えると、たとえば職場で、一〇人、二〇人くらいの部下の動きや心理を同時に把握できないわけがない、という発想もできます。

上司から見て部下を把握できるようになるだけでなく、社員たちにとっても「アルファ波」の状態に入るために「楽しく仕事をする」ということが求められるわけですから、やり方によっては仕事に対する本物のモチベーションが持てるかもしれません。

こうした「右脳の特殊な能力」を活かすと、まだまだ「潜在能力」が芽生える可能性があるのです。

目標設定が能力開発のカギ

「超ＩＱ革命」の第一歩は〝ワクワク目標〟の設定

ここでもう一度、すでにご紹介したことば、「成功とは自分自身の価値のある目標を、段階を追って達成すること」の本当の意味を再確認しておきましょう。

「成功イメージ」から「成功実績」を作りだし、「自信」に結びつけさえすれば、「潜在能力」はどんどんあふれでてくる、この章から、そんなイメージが得られたのではないでしょうか。

「本物のモチベーション」をつくり出すためには、常に最終目標をイメージしましょう。「こうなったらいいな！」という〝ワクワク〟するような大きな目標が大切です。ポイントはこの〝ワクワク感〟。〝ワクワク〟するから行動できるのです。

これが、「超ＩＱ革命」の第一歩です。

そして、リラックスして脳波をアルファ波の状態にして、「成功イメージ」をしましょう。

それから、とにかく行動を開始すること！　行動することによって体にイメージを記憶させていくことができます。

ビジネスにおいても同じです。「成功イメージ」を持ってとにかく行動すること。それによって道が見えてくるはずです。「好きなこと」「楽しい仕事」にすれば、おのずからイメージがふくらんできます。

ポイントは、ここまでのプロセスであれば、いままでにもいろいろと存在していたということ。書店のビジネス書のコーナーをのぞけば「成功する方法」「モチベーションの高め方」などなどいろいろな方法を紹介している本が見つかるでしょう。

私たちのメソッドには、その先のステップがあります。つまり、「本物のモチベーション」を持つことができ、トレーニング・プログラムを身につけさえすれば、「ＩＱが伸び、結果につながる」ということです。

トレーニングによって、「右脳と左脳を活性化」し、潜在能力を引き出すことで、ビジネスの上でも、勉強でも『超ＩＱ革命』が必ず起きるでしょう。

「目標」が設定されれば、そのために必要な「能力」が自分の中でも明確になり、その「能力」がどんどん引き出されます。

もう一つ、この「超ＩＱ革命」の面白いところは、それが一人だけの「変革」にはとどまらないことです。教室でもオフィスでも、「楽しい」「面白い」「ワクワクする」このメソッドはどんどん広まっていくでしょう。先生と生徒、会社の管理職と社員、コーチ・監督と選手、それぞれお互いの間でのコミュニケーションが深まったときに、この「超ＩＱ革命」はさらに大きな成果をもたらすのです。

まさに「革命」として広がっているこのムーブメントの中心は、なんといってもヘーグルの子どもたちです。

次の第四章では、いま現在、子どもたちに起こっている「超ＩＱ革命」の「すごさ」についてご紹介しましょう。

第四章

「超ーQ革命」の進化と実践

子どもは「能力の宝石箱」
～イメージ力と空想の世界～

子どもたちの「夢の実現」と「能力を伸ばす」こと

コンピュータや通信機器が普及して、インターネットでいつでも自由自在に世界中の情報にアクセスできるという現在。この状況は、新聞や週刊誌、テレビ・ラジオしか情報源がなかったころから比べれば「SF小説の中の世界」というより「ファンタジー」＝「夢物語」そのもののようです。

ビジネスモデルも変化し、社会もグローバルな規模で大きく変化していく中、私たちは、「人間の能力」についても発想を根本的に変えていかねばならない時期を迎えていると思

子どもは遊びの天才

います。

二〇歳代、三〇歳代の若いビジネスマンや学生、大学などの研究者たちをはじめとして、この前後の年代の人たちは、まさに自分の脳の延長としてコンピュータを使いこなしています。

このことは、自分の脳がグローバルなネットワークと直結している、ということさえ意味しています。

子どもたちもふだんから学校でも家庭でもコンピュータに慣れ親しんでいて、昔の子どもたちとは脳の状態も違えば、その使い方も変化しているのではないかとも考えられるほどです。

私たちは、この激変し続けさらにグローバル化、高度情報化が進む社会環境の中で、子どもたちの能力をもっともっと伸ばしてあげたい、日本や世界の教育をもっとすばらしいものにしていきたいと考えて、これまで二五年間、教育現場に携わってきました。

子どもたちが、自分の夢を本当に果たせる能力を高めて、世の中に関わっていけるメソッドを模索し、「自分の夢の実現と能力を伸ばすこと」とを一体化できるような方法を理想として追求してきました。

そのために子どもたちと向き合い、子どもたちが「これ、面白い！」「すごい！」といって「楽しく能力を伸ばす」、そんな教育を、子どもたちに教えられながら作りあげてきたのです。

子どもたちは遊びや学びの中からまさに天才的に「新しいこと」を見つけてきます。子どもはまさに「遊びの天才」であり、「能力の宝石箱」です。

私たちの「右脳と左脳の活性化による能力開発」は、そんな子どもたちとの共同作業でできあがった、といっても過言ではありません。現在も、子どもたちは日々進化し続けています。

その子どもたちといっしょに私たちのメソッドも進化し続けている、そんな実感があります。子どもたちの感性と潜在能力は、まさに無限とも思える進化を続け、私たちおとなも日々、刺激とエネルギーを受け続けているのです。

目に見えないエネルギー

ヘーグルのＰＡＤ＝潜在能力開発講座の中に「気を感じるトレーニング」があります。

「気功」の「気」のことです。この「気」は「やる気」にもつながり、「ポジティブ・シンキング」にもつながるものです。

「やる気」を基本とするＰＡＤの中では出発点といえるかもしれません。

ただし、ＰＡＤは、「気功」ができるようにする講座ではありません。これは、「目に見えないエネルギー」を感じるためのステップです。もちろん最初はなにも感じられなくてもかまいません。トレーニングをするうちに、だれでも「気」を感じられるようになります。

この「気」というのは、なにも超能力的なものというのではありません。たとえば、電車の中で後ろからだれかに見られている「気」がして、そちらを「パッ」と見たら、だれかがこちらを凝視していた、といった経験、あるのではないでしょうか。

そんな「カン」のような感覚も「気」の働きだと思われます。

みなさんのお知り合いの中には、どうしても「気が合わない人」もいるのではないでしょうか。そんなときの「気」もやはり「気というエネルギーの波長が合わない」といえると思います。

「右脳と左脳を活性化させる」ときのエネルギーも、やはり、目には見えないものなので、

「気」を感じるトレーニングをおこなうことで、より敏感にその「情報のエネルギー」を感じられるようになるのです。

好きこそものの上手なれ　～超集中モードとは～

「波動読み」ができる子どもが大勢あらわれた！

「右脳と左脳の活性化」と「潜在能力」の発揮を目的として、私たちは「波動読み」をおこなっています。

「フラッシュカード」での記憶トレーニングや「目訓」、「速聴き」などのトレーニングもすべてがそうですが、高速で情報を処理することで脳の中で「右脳を優位」にするためのものです。

この「波動読み」に最初に目覚めたのは、じつは子どもたちだということは、すでに第二章でお話ししたとおりですね。

右脳は本の内容を「イメージ」でとらえることで、高速で理解します。一〇秒から数十秒間かけて、数回、「パラパラ、パラパラ」とページをめくることで一冊の本を読んでしまうのが「ふつうの速読み」です。

その「ふつうの速読み」のトレーニングを続けていた子どもが、あるとき、「信じられない速さ」で本が読めるようになり、「パラパラ」どころか「バーッ！」と一秒足らずでめくるだけで読めるようになりました（くわしい経過は八八ページ参照）。

その、最初に波動読みができるようになった子は、「先生、本っていうのは、字を読まなくても読めるよね」といっていましました。もしそこで私たちが「そんなことはできるわけがないでしょ」などといえば、子どもの能力の可能性が閉ざされてしまうかもしれません。

そこでは「すごいね！　そんなことができるんだ！？　もっとトレーニングしてみようか！」と応じることが大切です。

すると、何日もしない間に、その「信じられない速さ」で読めるという子どもが、いっぱいでてきたのです。なぜかはわかりませんが、その一秒足らずの「波動読み」ができる子どもが同時にたくさんあらわれました。

こうなると、もう「半信半疑」ではいられません。子どもが本の内容を理解しているかどうか、内容について質問してみると、確かに読んでいるのです。「右脳と左脳の活性化」の成果だと理解するしかありませんでした。

これが、一九九七（平成九）年七月のことでした。

テレビ出演の大反響

このことが噂となり、一九九八（平成一〇）年三月に、第二章でも触れたテレビ出演の依頼がきました。それが、「ウンナンのホントのトコロ」という番組でした。ヘーグルの教室のようすの取材を受け、子どもたちが実際にスタジオにいって、そこで「波動読み」「図形の色の暗記」などをおこないました。

「波動読み」では、テレビ局側が用意した一五〇ページくらいの本を、スタジオで子どもに渡して、その場で「速読」したのです。

「波動読み」をし終わってすぐに、紙とマジックが渡され、子どもたちは読んだ本の内容を書きました。その内容は、ほとんど本の内容と一致するもので、そのスタジオで「半信半疑」でなりゆきを見ていた司会のウッチャンナンチャンさんをはじめ、テレビ局のディ

波動読みをする子どもたち

レクターなどのスタッフも、最初に私たちがそう反応したのと同様に、「ビックリ仰天」したというわけです。

この「超速読法」に「波動読み」と命名していることの背景には、ある仮説があります。「波動」と呼ばれるものには、テレビやラジオの電波なども含まれているのですが、人間の「直感」や「閃き」も波動の一種ではないかという仮説です。

たとえば、晩になって「そろそろお父さんが帰ってきて、ドアを開けて、〝ただいま〜〟といいそうだ」といった直感を、なぜか感じることはないでしょうか。

昔、修行を積んだお坊さんの中には、一〇〇メートル先に置かれている書物が読める人がいた、ともいわれますが、そういう超能力のような現象も「直感」のようなもので、「波動」の一つではないか、とも思えます。

子どもたちは、本の内容がイメージとして目に飛び込んでくる、と口々にいいます。一五〇ページから二〇〇ページの本の内容をイメージとして右脳でキャッチして、全体として理解しているようです。

これも「直感」として「波動情報」というエネルギーを受け取っているのではないかと考え、「波動読み」と名づけたのです。

他にもたとえば、第三章で「右脳には人間が人生で見てきたこと感じたことなどの情報がすべて記憶として残っているかもしれない」というお話をしました。

果たして、そんなに大量の情報が、人間の限られた容量の頭の中に入っているのだろうか、と考えたときに、もしかしたらどこかにそういった情報を無限に記録している巨大なハードディスクのようなものがあって、だれでもそこから情報を受け取っているのかもしれない、という想像がふくらむのです。

いわゆる「ＥＳＰ（超能力）」を持っているという人も、そういうところから「波動」を受けて情報を手に入れているのかもしれない、とも思えます。そう考えると、「波動」を受け止める感覚が鋭い人なら、ふつうでは感じられないことを情報として得られるかもしれません。

そのイメージを言語化できたり、文字化できたりと左脳的な処理をすることができるとしたら、あくまで仮説ではありますが、世の中のいろいろな不思議なことも帳尻が合うような気がします。

人間の脳は、好きなこと楽しいことをしていると「アルファ波」の状態になり、記憶力も運動能力も向上するわけですから、「右脳と左脳」をある一定の状態に高めることで、こうした「波動エネルギー」のようなものを「情報」として敏感に受け止めることができるのかもしれません。

絶好調のヤワラちゃんの能力
～イメージ・ビューイング～

数メートル上から見ている自分

女子柔道の金メダリストにしてスーパースター・ヤワラちゃんこと谷（旧姓：田村）亮子選手が、興味深いことをコメントしています。

試合をしているときに、自分の姿が四方八方からの客観的なカメラの視点から見えて、それによって自分の動き、相手の動きがよくわかり、次の動きを判断できることが勝利につながっているというのです。

一説によると、といいますか、これは谷選手本人の感覚なのでしょうが、その話によると、谷選手の右側に一人、左側に一人、そして、数メートル上から自分を見つめているもう一人の「分身」があらわれるというのです。

この話に従うと、本人を入れて「四人のヤワラちゃん」が相手選手と戦っていることになります。そのために、いつでも落ち着いて客観的に試合を展開させることができるというのです。

昔の忍者の分身の術もこういうものだったのかも、という感じですが、これと同じような感覚を感じているという子どもがヘーグルの生徒にも何人かいます。

サッカーをしている子どもの一人ですが、自分がグラウンド上でプレーをしているところが、やはりヤワラちゃんのように、鳥の目で見るような鳥瞰《ちょうかん》と、自分の目線、それと四方のコーナー付近からの映像に加え、自分をマークしている相手チーム選手からの目線の「七ヵ所」からの目で見えているというのです。マルチに見える画像を、頭の中で分割して見ているようです。

この子どもは、後ろからパスされたボールを見ないでシュートすることができるともいいます。実力が急激に上達したことが認められて、現在、この子は二学年上のクラスのチームに加わってプレーをしています。

小学生高学年くらいのサッカーチームでは、二学年上の子といっしょに対等にプレーするということは、ほとんどないそうです。体格の差を、イメージの力でカバーしているということになるでしょうか。

プロサッカーの超一流選手が、グラウンド上の他の選手の動きがそちらを見なくても手に取るようにわかり、すべての選手の次の動きが完全に予測できるといっているそうです。それも、この感覚にかなり近いのでしょう。

脳の中のイメージが「三次元の世界」に飛躍することで、自分の姿や周囲の状況が客観的に手に取るように見える、そんな現象が起こっているのかもしれません。

赤ちゃんを救え！

〜イメージ力が変化を起こす〜

イメージの力で病気を治す「イメージ療法」

脳が持つ「イメージの力」の「すごさ」は、本書でも何度も強調してきましたが、その力が人間の体に与える究極ともいえる効果は、「病気を治す」ということではないかと思います。

イメージ・トレーニングをおこなうことで、スポーツ選手が身体能力を高めたり、右脳と左脳の働きを活性化して記憶力、計算力、理解力などを高めたりするわけですが、それはいずれも、イメージの力が人間の体に働きかけて大きな変化を起こしていることを意味します。

このイメージの力は病気の治療でも大変重視されています。どんな病気でも、患者本人が、「病気を治そう！」という「プラス思考」を持たなければ、治るはずのものもなかなか治らなくなってしまうからです。

心理的な影響として、「プラシボ効果」という働きもよく知られています。これは、お医者さんが「この薬で治りますよ」といって、薬ではなく「ただの小麦粉」を処方した場合でも、患者がその「小麦粉」を薬だと信じて飲むと症状がおさまってしまう、という効果です。

「プラシボ効果」は、「偽薬効果」と訳されることもありますが、患者が精神的に落ち着くことで自身の体の中で治癒力が発揮されると考えられます。患者に「病気が治る」というプラス思考の「イメージ」を与えることで治療効果が生まれるのが「プラシボ効果」だともいえるでしょう。

イメージの力を積極的に使って、体の中の悪い部分に働きかけ、病気を治そうというのが「イメージ療法」です。

一般的におこなわれている治療法に「心理療法」がありますが、「イメージ療法」は、「心理療法」のさまざまな方法、催眠療法や自律訓練法などを駆使しながら患者本人の「イメージ力」を活用する方法です。

こうした「イメージ療法」は、日本でも埼玉県川越市の帯津三敬病院などで治療に活用されています。

ガンを「イメージ」がやっつけた!

「イメージ療法」の一つに「サイモントン療法」があります。

この療法は、アメリカのカール・サイモントン博士が開発した、「患者とサポーター(家族等)のための癒しのプログラム」です。

サイモントン博士は、放射線腫瘍専門医としてガン治療にあたっていたお医者さんでしたが、自分が担当した、まったく同じ症状の患者でも、治る人と治らない人がいることに気づき、治療はどうあるべきなのかと悩んだそうです。

博士が患者の心理について調べた結果、「希望を持って」治療している人と、「絶望して」治療している人では、病気の回復に大きな差が生まれていました。そこで、博士は「患者を心理的な面から治療するプログラム」を考案したのです。

サイモントン療法のプログラムは、「人生の喜び・生きがいを感じる」「ストレスを減らす」「ガンや自然治癒力、治療のようすを絵に描く」「死生観を希望的にとらえる」といったさまざまな方法で、「希望を持って」治療を受け、自分自身がガンと戦い自然治癒力を高める、というものです。

余命一二ヵ月と診断された末期ガンの患者一五九名を、サイモントン博士が四年間にわたって治療したところ、そのうち六三名が平均二四・四ヵ月生存しました。

その中で、22％にあたる一四名は治療によってガンが消滅したのです。さらに、一二名は、ガンが退縮（小さくなること）していました。

残りの患者のうち一七名は安定している状態（約27％）、二〇名に新たにガン細胞が発生したという結果が公表されています（一九七八年一月時点。ＮＰＯ法人サイモントンジャパン事務局ホームページより）。

末期ガンが消滅したというデータは、世界の医学界に大反響を巻き起こしました。患者にも大きな希望となり、病気の人やその家族、それだけでなく健康な人にとっても「人生の生き方の質＝クオリティ・オブ・ライフ（ＱＯＬ）」そのものを見直す考え方が広まるきっかけともなりました。

前出のダニエル・ゴールマン博士の『EQ―こころの知能指数』（講談社）においても、「情緒面での支援が臨床的に影響した」という例が紹介されています。アメリカのスタンフォード大学医学部グループの報告です。

外科的手術を含む治療を受けたのちにガンが再発し、余命は時間の問題と診断された末期ガン患者の例です。末期ガン患者のグループが、通常の治療を受けながら、週一回、自分の病状を理解してくれる人たちを相手に心の中の恐怖や苦痛、怒りなどを語る集会に参加したところ、患者の余命の平均は三七ヵ月（三年と一ヵ月）となったというのです。

集会に参加しなかった患者グループの余命は平均一九ヵ月でした。「心の支援」を受けた人は、そうでない人のほぼ二倍、「心の癒し」を得ながら、長く生きることができたのです。

病気の赤ちゃんをみんなの力で救う！

あるときヘーグルの教室の子どもたちが、教室にきていたあるお父さんから、生後一ヵ月の赤ちゃんの写真を見せてもらい、その子がむずかしい病気にかかっていると聞いて、こういいました。

「先生！　ボクたち、この赤ちゃんの病気を治せるかもしれない！」

「え〜っ！　どうやるの⁉」と聞き返すと、

「その赤ちゃんの体に、なにか悪いところがあるって感じるんだ」といいます。

その赤ちゃんは、脂肪とタンパク質を分解する酵素を持たずに生まれてきたということで、ミルクを飲んでもうまく分解できず、受けつけないという病気でした。「どうすれば治るの？」と聞くと、子どもたちは、

「たぶん、赤ちゃんの体のこのあたりが真っ黒に見えるから、ここが悪いんじゃないかなあ。みんなで金の光みたいなものをイメージしてそこにあててみよう！」

と、みんなで集まって写真の赤ちゃんの体の一部にそれぞれの意識を集中させたのです。子どもたちは、「赤ちゃんだから急に治すのはあぶないよ。一回だけでは完全には治らないけれど、だんだんよくなると思う」といっていました。

数日して、赤ちゃんのお母さんから連絡があり、「お医者さんもなぜだかわからないけれど、だんだん数値がよくなって治ってきている、とおっしゃっています。どうも、あり

がとうございました！」というのです。

お医者さんの話では、本当に理由は不明だけれど、赤ちゃんの健康状態を示す数字が徐々によくなり正常値に近づきつつあるということでした。

その後、赤ちゃんは快方に向かい、ミルクも飲めるようになりました。私たちにとっても想像を超えた出来事でしたが、子どもたちのイメージ能力が強く働くことで、赤ちゃんの病状になんらかの変化が起こったのかもしれません。

子どもたちの自由なイメージ力、想像力が、なにか科学では解明されていない現象、しかも、おとなには予想もつかない現象を起こしているとしたら、それこそが「潜在能力」でしょう。

私たちは、子どもたちに対して決して否定的なメッセージを与えずに、能力を伸ばしていけるように注意深く見守っています。

ハリー・ポッターの最終章
～想像の世界とイメージリーディング～

「宇宙ワープ」で星の空間に入る

私たちが「宇宙ワープ」と呼んでいるイメージ・トレーニングがあります。

残像のイメージ・トレーニングの中で、残像に意識を集中させて、宇宙空間を想像し、その中に入っていくことをイメージするのです。子どもたちの中には、この「宇宙ワープ」で、さまざまな経験をした子がいます。

「最初は残像があったのに、急に真っ暗になった。全身が軽くなる感じがして、隕石のようなものが目の前をたくさん通っていった」「集中して残像を見ていたら、その中に吸い込まれるように入っていった。その中では星がキラキラと光って飛んでいた」「最初はまったくいけなかったけれど、宇宙にいきたい、と強く念じていたら、下の方に星が見えてきて、すぐにまわりが星に包まれた。その瞬間に体が落ちる感じがした」

と子どもたちは自分が見たイメージについて口々に教えてくれます。イメージ・トレーニングによって、子どもたちの想像力が、宇宙にまでどんどん広がっているのです。

この「宇宙ワープ」では、他にもいろいろと面白いことが起こっています。

たとえば、二年ほど前に、「宇宙ワープ」をしてきた子どもが「二、三年後に宇宙の小学校ができるよ。立川の生徒たちもそこにいけるようになるよ」と教えてくれました。すると、二年経ったいま、たくさんの子どもがその「宇宙の小学校」にいってきた、という経験を話してくれるようになったのです。

「宇宙の小学校はいいところで、わからないことは何でも先生が教えてくれた」「宇宙の小学校の先生と交信しながら問題を解くのはすごく楽しかった。難問がすぐにできた」といった経験です。

子どもたちは「宇宙ワープ」で、いろいろな「波動」を感じられるようになっているのかもしれません。

お母さんたちの話を聞くと、この「宇宙ワープ」を経験した子どもたちは、前より明るくなった、とか集中力が増した、友だち思いになったというポジティブな影響がいろいろとでてきているようです。

とくに面白いのが、いま、世界的な人気のファンタジー小説・『ハリー・ポッター』の最終章のストーリーが、「宇宙ワープ」でわかる、という子どもがあらわれたことです。どうやら原作者が得たストーリーのイメージを「宇宙ワープ」することで感じ取っているようなのです。

そのストーリーが本当に『ハリー・ポッター』最終章の内容と一致するかどうかはわかりません。まだ、原作者と出版社の担当者以外は絶対に知らないはずの公表されていないストーリーだからです。

一つの「宇宙レベル」のイメージ・トレーニングのチャレンジとしてここにその「ストーリー」を紹介してみます。

子どもたちが見た『ハリー・ポッター』最終章

「宇宙ワープ」で得られるイメージは、子どもたち一人ひとりが異なっています。「星がたくさん見えた」などの共通点は多くありますが、やはり、別々のイメージを見ているようです。

『ハリー・ポッター』最終章についても、複数の子どもが、いろいろなストーリーを「宇宙で見てきた」ので、それをいくつかここに紹介しましょう。

『ハリー・ポッター』最終章

ダンブルドアのようすがおかしいと思ったハリーは、まず、ダンブルドアの部屋へ行きます。でも、ダンブルドアはいません。自分の部屋へ戻ろうとしたハリーは、机の上に置いてある一冊の本に目がいきます。

開いているページには、ハリーと同じ傷の絵が載っています。そして、「この傷をもった魔法使いは、真の魔法使いとなる」と書かれていました。

それを見ていると、後ろでダンブルドアが、「見てしまったか」と言います。そして、父さんは悪にだまされている。あの時、母さんがやられてしまったのを見て、悪と母さんを助ける代わりに、力を貸す取引をしてしまい、今あの墓場にいる、悪にとりつかれてしまっている父さんは、姿も悪となり、「見つけるだけでも難しい」といい、それを知ったハリーは、自分で父さんと母さんを助ける方法を探します。

そして、一つだけ薬が見つかるのですが、成功する確率は低いのにもかかわらず、ハリーはそれをつくり、墓場へと行きます。そして、悪のボスに、「父さんを返せ」と言います。すると、悪は、「俺が父さんだ」と言い、ハリーは、魔法にのせて悪者へと薬をかけます。悪は、パタッと倒れます。

でも、父さんは出てきません。ハリーはひざまづき、泣きます。泣いていると、消えかかっていた父さんが後ろから現れます。そして、「ごめんな。母さんは守れなかった。おまえにひどい目に遭わせてきたな。おまえがここまでやってくれたのに悪の力は強すぎた。ありがとう」と父さんは、言い、消えていきます。そのとたんに、ハリーの傷も少しずつ消えていきます。

実は、宇宙の決まりでは、一冊の本が出版されると、それに対しての著作権は原則としてはないので、他の人は、自由に内容を変えたり、加えたりして出版してよいことになっています。ですから、宇宙の本には、あともう二冊ハリー・ポッターの本があるのです。

もう一冊目は、書斎に一冊の本があって、絵の他に墓場と同じ挿絵があります。そして、後ろを振り向くと、ダンブルドア先生ではなく、悪者が立っています。杖を取り出すと、父さんと母さんの声がして、「戦ってはだめだ」と言われます。ハリーは、「なぜ」と聞くと、父さんと母さんは「自分で考えなさい…」と言います。

そして、悪者は、「おまえの魔法はもう古い、俺の魔法の一撃でおまえは滅びてしまう」と言いました。でも、戦ってはだめだと言われたハリーは、その場を何とか走って逃げることができました。

それから二~三日研究を重ね、薬が見つかり、墓場へ行くと、悪者に、「一人で自ら来るなんてすごいな」と言われ、悪に薬をかけます。倒れる前に、悪が「ありがとう」と言って、倒れます。

なぜ「ありがとう」なんて言ったんだろう。ハリーは、不思議に思って倒れた悪に近づくと、それが、だんだんと父さんの顔に変わっていきます。

それは、母さんを信じたけれど、父さんを悪から取り戻したければ働け、といわれていたからこうなったそうです。

もう一冊の本は、最後に、墓場が野原へと変わり、墓がハリーの父さんと母さんの墓になります。そして、成長したハリーが、花を添えるという場面で終わるものでした。

また、他の子どもはさらに鮮明なストーリーを見てきたようですので、次にご紹介いたします。

ハリー家に代々伝わっている、この蛇のネックレスは、秘宝で、代々、この日迄に奪い合ったり、呪いがかかったりしてきた。その為、どこかに隠してある。

何やらあやしい行動をしている男ハグリットが、他の先生とそのネックレスの事を話しているところを、ハリー達三人は、一つのマントを頭からかぶり、姿を消して盗み聞きをした。

ハリー達三人は、これが悪者の手に渡っては大変ということで、探すことにした。

三人は、岩場の上に立つ塔が、雲の上にそびえ建っている場所にきた。そこは特殊なバリアがかかっている場所で、墓場の一族が、「キズがあり、質問に答えられた者しか入れない」と言って消えた。

しかし、三人で中に入ろうとすると、塔から蛇語で質問してきた。ハリーが答えた瞬間、ハリーだけが塔の中にワープして消えた。

なんと、目の前にネックレスの秘宝があるではないか。そしてそばにフードをした悪者が立っている。フードを外したら、それは、お父さんだった。お父さんは「私はすでに悪いことをしてしまった。だから、このネックレスはハリーがしなさい」と言った。（※この言葉の裏には、このネックレスを悪者がしたらいい人が倒れる、という意味がある）

ハリーがネックレスを首にしたとたん、光が輝き、お父さんが倒れた。しかし、肉体は残り、マントやきたないものが崩れた。一緒に悪い建物や悪い事をした人が、すべて倒れ崩れていった。

塔から墓場の方を見ると、光っているものを見つけた。

（このあと、①の話と②の話に分かれます）

①墓場に行くと、お父さんの墓が光っていた。その墓石に写った自分の顔を見ると、額のキズがとれていた。ペンダントが二つに割れて、中から一枚の紙が出てきた。ハリーが中をあけてみると、

「お父さんは、お母さんを守れなかった……ありがとう」

と書かれてあった。

②ハリーの首にかけたネックレスがはずれなくて苦闘している時、スネイプ先生が以前に教えてくれた魔法を一つ思い出した。

墓場へ行くと、あたりが黒い闇のエネルギーにつつまれていて、「お前は死んだ……」など、不気味な声が次から次へと聞こえてくる。スネイプ先生が「逃げろ！」と言ってハリーを逃がした。

ハリーは「スネイプ先生が教えてくれた魔法を使うのはいましかない」と思い杖から光を出した。ダンブルドア先生も杖から光を出し二人で一緒に魔法を使うと、眩しい光が出

てきた。途中でお父さんが倒れる姿も重なって見えてきた。

首にかかっていたネックレスが取れ、二つに割れ、中から手紙が出てきた。ハリーが中をあけてみると、「ありがとう……」と書かれてあった。

この「ハリーポッター最終章」のストーリーを読んできた子どもたちは、これまで発刊されてきた「ハリーポッターシリーズ」の本を読んだことがないそうです。

そんな子どもたちがこれだけ詳細なストーリーを読み取ることができたということは驚くべきことだと思います。

ハリー・ポッターシリーズの作者、J・K・ローリングさんは、最初にこの物語の最終章を書いたという風に伝えられてます。

この本を書いている現時点では、ハリー・ポッターの最終巻はまだ発売になっていませんので、子どもたちが見てきたストーリーとJ・K・ローリングさんが書いたものが同じかどうかは確かめようがありません。

しかし私たちはこの現象を次のように考えています。人の潜在意識は深いところですべての人の潜在意識とつながっています。またさらに深いところでは、すべての存在である宇宙的意識ともつながっており、そこにはすべてのありとあらゆる情報があります。

実はハリーポッターの物語も宇宙的意識の情報ボックスのようなところに存在していて、Ｊ・Ｋ・ローリングさんも何かのきっかけで、その情報にアクセスして、彼女の作品のヒントになり、またそれが全世界的な大ベストセラーになったのも、全世界の多くの人が無意識にその物語の存在を感じる事ができた結果ではないかと思います。

このように子どもたちのイメージ力、想像力は、本当にとどまるところがありません。このイメージの力を伸ばすことで、もっとさまざまな「革命」が実現できそうです。

次の第五章では、ヘーグルが目指す「革命」について紹介したいと思います。

第五章

生きる能力を鍛えるヘーグルメソッド

「世界」を進化させる「ＰＡＤメソッド」

「未来のリーダー」の無限の可能性

私たちは「未来のリーダー」を創ることを一つの目標としています。

「リーダー」というと、いままでは「いわゆるエリート」がなるものという発想があったかもしれません。そういった「リーダー」も、今後まだまだ存在するかもしれませんが、ヘーグルの発想による「リーダー像」は、少なくともこれまでのような「画一的なリーダー像」ではありません。

「右脳と左脳」を活性化させ、「ＰＡＤ」によって「潜在能力」を獲得した子どもたちが示す無限ともいえる可能性を、この世界でどんどん活用できる、そんな「未来のリーダー創り」を考えているのです。

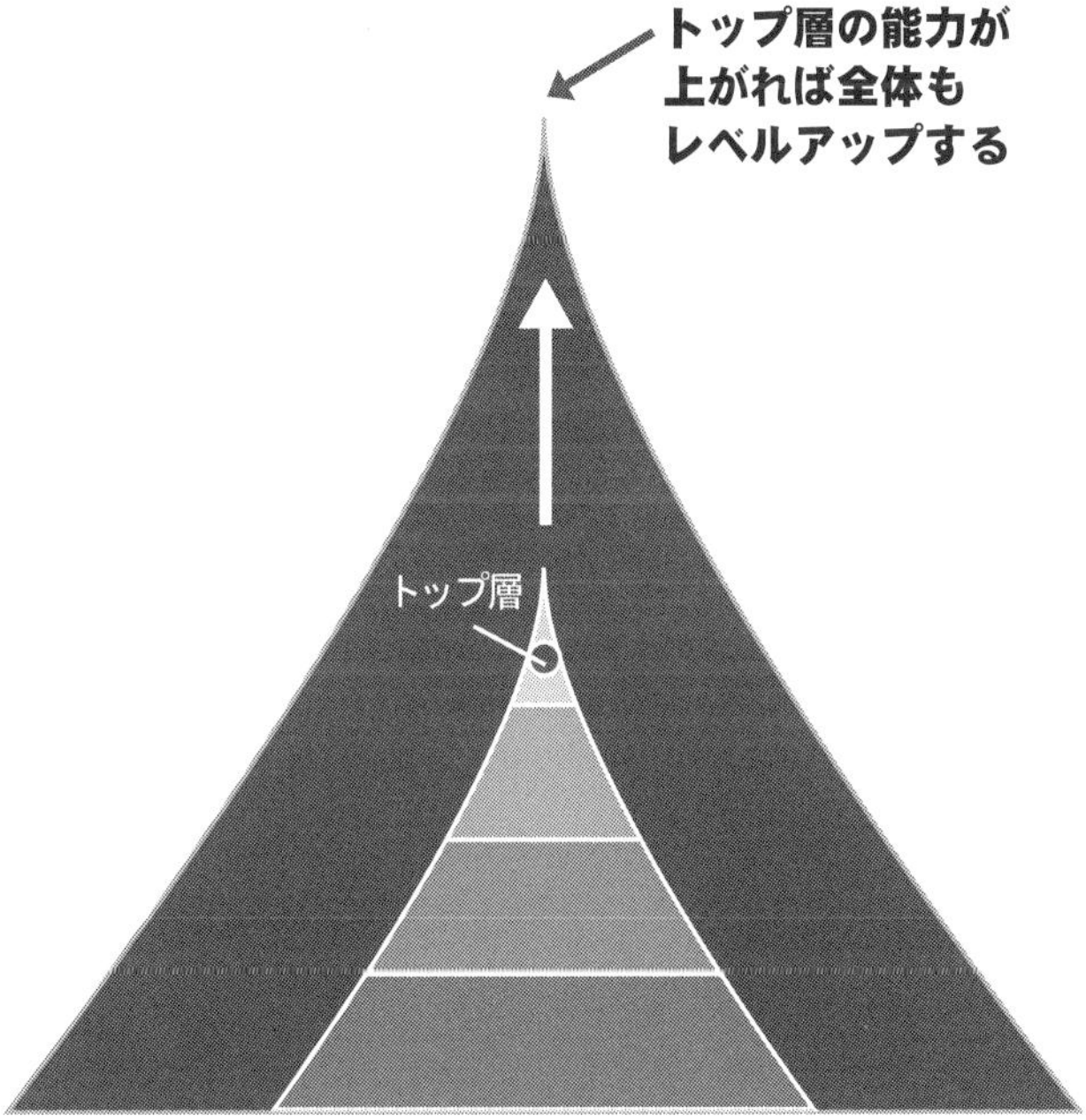
トップ層の能力が
上がれば全体も
レベルアップする
トップ層

「超ＩＱ革命」もそのための一歩です。

この「超ＩＱ革命」が意味することは「ＩＱを伸ばす」ということだけではないことは、ここまで読み進んでいただいて、おわかりいただけたと思います。

もう一度、その概念をまとめておきましょう。「ＩＱ」の「総合基本力」＋「集中力」に加えて豊かな「ＥＱ」を身につけ、さらには実社会での実践的「能力」をはぐくむ、それが「超ＩＱ革命」が意味するものです。

社会での「実践的な能力」とは「キャパシティ」であるといいかえることができるでしょう。

ヘーグルのメソッドでいちばん重要なことは、人間の能力を「どのくらいのキャパシティまで伸ばそうと考えているのか」という点です。

たとえば、新幹線を時速二〇〇キロ以上で運転するためには、その車両の実験段階では時速三〇〇キロ以上を楽々だせるような「キャパシティ」＝「最高速度」で設計します。速度記録としては、新幹線の車両は時速四〇〇キロ以上で走行しているのです。

もし、実験で時速二一〇キロギリギリくらいしかだせないような車両で、乗客を乗せて時速二〇〇キロで運転したとしたら、それはかなり「危険」を伴うものになってしまうでしょう。

「キャパシティ」にかなりの余裕を持たせなければ、安定した高速運転はできないからです。

それより、もっと高速で早く遠くまで移動する必要があって、時速七〇〇キロ、時速一〇〇〇キロという速度が必要だとなれば、これはもういまの「レールの上を走る新幹線」の「キャパシティ」では不可能になります。

それでは飛行機に乗り換えようか、など、速度という「キャパシティ」を何ランクも上げることになるでしょう。

ちょっと抽象的なたとえかも知れませんが、いま、私たち人類は「東京駅」に到着したところで、これから新幹線に乗ろうか、それとも羽田に急行して飛行機に乗ろうかと選択する場面にあるのだと私たちは思っています。

今後、「未来」にむかって人間の「能力」という「キャパシティ」をどのくらいまで高く設定して、どのくらいを目指して伸ばしていけばいいのかという選択の場面にある、ということです。

他方で、ヘーグルの子どもたちの能力は「無限」に伸びる、という確信を私たちは得ています。さらには、私たちのメソッド＝「ＰＡＤメソッド」は、もっと多くのおとなたちの「キャパシティ」も伸ばすだろうと感じているのです。

これは、「超ＩＱ革命」の、そのさらに先の話です。「超ＩＱ革命」の次のステップが私たちには見えはじめています。「現在の革命」のさらに先の「未来の革命」です。

自分を肯定し、自立するための「モノサシ」

第二章で「もう一つのモノサシ」というお話をしました。「総合基本力」に基づいた「集中力という能力」を身につけた子どもは、「成績・偏差値」といった既存のモノサシだけでは測れない「キャパシティ」を持っている、というお話です（一四八ページ参照）。

現代社会に相対するときにも、自分の中の「モノサシ」として、「右脳・左脳のモノサシ」という「もう一つのモノサシ」を持つべきだと思います。

現代社会は、あまりにも「外的刺激」が多すぎます。まわりから私たちに与えられる「恐怖」とか「不安」といったものを、いちいち感じ、心配していたらきりがないくらいです。それらをすべて気にしていたら気持ちがすっかり委縮してしまいます。

それでは外からの刺激に対して、「鈍感」なほうがいいのか、というとそれも困りものでしょう。外的な刺激は適度に受け流して、取り入れるところは取り入れながら、「内面的な世界」をしっかり創り上げる、これがいちばんよい選択だと思います。

左脳のモノサシは、目の前に見えるものを測るモノサシです。それは、結果を測るモノサシです。

それに対して右脳のモノサシは、目に見えないもの（オーラなどもその類《たぐい》でしょう）、未来の可能性を測るモノサシです。

教育においては、結果を測る左脳のモノサシよりも、未来を測る右脳のモノサシを大切にしなければなりません。右脳のモノサシを大事にすることによって、未来への勇気と希望が見えてきます。

例えば、戦前の「名医」という人は、患者を一見しただけで正しい診断を下すことができました。

「望診」というのは、患者を見ただけで診断をすることですが、これが最上の診断法でした。

「脈診」とは、患者の脈等を診て診断をし、「触診」といって患者の体をさわり、各部位のオーラや温度差を感じて診断をする。これらの診断法をそれぞれ中の診断、下の診断といいました。

ところが、戦後、アメリカ流の診察法が中心になってきました。「問診」「検診」などは、おなじみの診察法ですが、実はこれらの診断法は、それぞれ下の下の診断、下の下の下の診断といわれていたのです。

確かに、科学的診断法や手術による医療の発達によって、以前よりも多くの患者の命が救われるようになったことはいうまでもありません。

しかし、それらの手法に全面的に頼るというのも考えものです。近代医療を前提としながら、さらにメスを入れないですむ医療、化学薬品に頼らなくてすむような医療の確立を同時におこなっていくことが、二十一世紀の医療の姿ではないでしょうか。

二十一世紀を担っていく子どもたちは、まさしくそんな転換期に生まれてきているのです。左脳と右脳の融合できる能力を「心」を中心に育んでいくというのが、二十一世紀に求められる人間像だと思います。

人間としての「幸せ」というものは心の内面にしか存在しません。自分の「幸せ」を心から取り出して、だれかに見せることはできないのです。その価値の判断も自分でするしかありません。

また、人間がワンランク向上するときには、自分の内面的な世界を顧みて、そこから新しいステップを感じ取ることが必要になります。

外的な、さまざまな刺激に左右されずに、自分自身のしっかりした価値観に基づく、「絶対的な喜び、絶対的な幸せ、絶対的な満足」が得られるかどうか、それらに基づいた思考ができるかどうかがポイントです。

これが確立していれば、なにより自分で自分の存在を認めることができます。そこから自信がつき、さまざまなことへの意欲も生まれます。自分を肯定することで、エネルギーが得られるのです。

自分を認め、自立し、自分の責任・使命を自らまっとうする、そういう「エンジン」ができあがるわけです。これさえ確立すれば、あとは自分の力でなんでも切り開いていけます。「自分というモノサシ」が、どんどん機能し、グループや組織の中でもリーダーシップを発揮するようになります。

「右脳・左脳の両方のモノサシ」によって、自分自身で「キャパシティ」を伸ばしていくことが可能になるのです。

もし、子どもの能力が無限に進化するとしたら？

「自立した子ども」を育てれば、選択肢は大きく広がる

それでは、具体的にはどんな「メソッド」によって「未来のリーダー」を創り出すことができるのかが問題となります。

子どもたちには、「自立する」「自分で考える」ための、しっかりしたサポートが不可欠です。ヘーグルのメソッドは、一言でいうと「自立した子どもを育てること」だといえるでしょう。

子どもに対するメソッドでは、

1，生きる上で大切なことを教え

2，自分で生きていく力＝「総合基本力」を身につけさせ

3，自分がやりたいことをさせる

という三つが基本的な路線となります。

中でも三番目の「自分がやりたいことをさせる」ということが大変重要です。

たとえば、最近の大学生には、せっかく努力をして志望の大学に入っても、「大学に入ってはみたけれど、そこに自分がやりたいことが見つからない」という学生が増えています。

これは、進路を選択する際に自分がやりたいことを完全燃焼したという経験を持たずに、受験勉強一辺倒できてしまったためです。

自分の本当にやりたいことがわからないまま、偏差値との比較で進路を選択してしまったことが原因です。

このような進路決定をすると、大学院に行ってもまだ悩んでいる学生が少なくないと、ある国立大学の先生はおっしゃっていました。

このような悲劇は、大学の先生にとっても深刻な問題だと思います。せっかく、ともに研究をしようと思ったけれども、肩すかしを食らうわけですから。

ですから、子どもとのミスマッチをできるだけ少なくするように、親は心がけなければなりません。

「自分がやりたいことをさせる」という点については、現実的にはなかなかむずかしい点があるのも事実です。その理想実現のステップとして、私たちなりの発想に基づいて、右脳を使いながらの「小学校受験」「中学受験」に対応するコースもつくりました。

子どもたちのために、受験もクリアできて、しかも、心と能力が成長できる学習環境を整えてあげなければならない、と考えたことから、子どもたちの立場になって新たな学習システムを開発したのです。

ここで親が考えておかねばならないことが一つあります。それは、「勉強、受験」において、子どもにとっていちばん大事なことはなんだろうか、ということです。「○○小学校や○○中学校に合格する」ということでしょうか?

私たちは、それよりもずっと貴重でかけがえのないことがあると思います。

それは、「どういうプロセスで、○○小学校や○○中学校に合格するのか」ということです。子どもの成長にとっていちばん重要なことは、どんな気持ちで、何を求めて、子ども自身はどうしようと考えて、どれだけ自分の力で目標を達成できたのか、ということなのです。

このステップを見過ごしてしまうと、「○○小学校や○○中学校に合格する」ということが「目的化」されてしまいます。そんな誤りを重ねた結果として、「○○大学に合格」しても、その後、自分がそこで何をすればいいかわからなくなる、という事態に陥るのでしょう。

中学受験の場合、主人公はたった一一歳の小学生であるという事実をもう一度念頭に置く必要があります。

親御さんご自身の小学生の頃はどうだったでしょうか？

勉強ばかりしていたでしょうか？

もし仮に、親御さんとお子さんが、逆の立場になれるとしたらなりたいですか？

そんな基本的な疑問を投げかけてみてください。答えは瞬時にはね返ってくると思います。

「もう、すでに大学受験は中学受験からはじまっている」などという言葉を聞くと、みんなは、すでにはじめているのだから、遅れないようにしないと、という心理が働いてみな一列に並ぶようになってしまうのです。

日本人は、「みんな」というキーワードに弱いですから。「みんな受験に向かって走ってますよ」といわれると走り出すのが日本人です。

でも、教育の場合は違います。子どもたちには、その子にしかない個性があります。

私たちは、有名校に進学するななんて一言もいっていません。事実、ヘーグルの卒業生は、優秀な子が多いですから、有名進学塾のトップや上位を占めているのが事実です。

だからこそ、子どもたちにはもっと大きな選択肢があることも忘れてはいけません。有名私立や国立中学にわざわざ入らなくても、右脳をもっと進化させ、将来本当に役立つ総合基本力を高め、社会に出て真のリーダーとなる道はいくらでもあります。

事実、ヘーグル卒業生のトップ層は、あえて公立中学校に進学する子も少なくありません。中学時代を自分のやりたいことをさせ、ゆとりをもって右脳と左脳両方を伸ばしながら、将来は公立・私立高校の上位校に入って一流大学に進学するルートも大いにあります。

総合基本力が身についた子どもは、自分の中で目標が定まったとき、絶大なる力を発揮することができるのです。その力に対する確信も本人がきちんと持ち合わせているので、自信に満ちあふれています。

自信過剰に見えるけれども、子ども自身の中にはストーリーがあります。そのストーリーを信じてあげることがどんなに大切なことか。

中学受験での勝者だけが勝ち組になるわけではなく、勝ち組の思考法と総合基本力を持ち、やがて負け組の人たちに手をさしのべられる余裕を持った人間に成長させることが、真の自立した人間像なのです。

子どもたちが自分自身で表現できるステージ

学力で世界のトップは北欧の国・フィンランドです。日本は世界で一四位という順位に甘んじています。

フィンランドの教育は「受験競争とはまったく無縁の教育」だと聞いています。子どもたちを競争させることではなく、「真のやる気」をどんなに時間をかけてでも引き出すことがもっとも重要視されているそうです。

子ども一人ひとりに合った「動機づけ」をどういうふうにおこなうか、という「個」に合わせた教育を実施しているのです。その結果として、一人ひとりが伸び伸びと学び、能力を発揮しているようです。

「競争、また競争」というのでは、勉強の本来の目的がわからなくなってしまいます。本当は、学力をつけることそのものが喜びであるはずですし、学ぶことが「心の成長」につながらなければなりません。

ところが、日本での子どもたちの現状は、「競争、また競争の毎日」「比較され差をつけられる日々」、果ては「いじめ、いじめられる日々」、そんな悲惨な状況です。学びの本来の目的とは、「まったく逆」のほうにいってしまうのです。

親がなすべきことは、「必要以上の時間を子どもたちから奪わないこと」。それが、もっとも重要なことではないでしょうか。「子どもから奪ってしまった時間」は、「一生戻ってこない」のだということを、親はしっかりと肝に銘じるべきでしょう。

とにかく、子どもたちが自分自身で、また気の合う仲間たちと、じっくりと腰を据えてなにかを考える時間が必要であり不可欠なのです。自分の好きなこと、やりたいことだけに没頭できる時間は、子どもたち自身をあらゆる面で成長させます。

親から見て、一見ムダに見えるような時間が、子どもにとってもっとも必要なインターバル＝幕間なのです。子どもたちは自身で創造したステージで一生懸命、自分を表現しています。

ヘーグルの「総合基本力」＝集中力を伸ばすメソッドで、子どもたちに「超ＩＱ革命」が起こります。ともに歩むおとなたちにも同時に「超ＩＱ革命」は起こります。これによって、子どももおとなも「貴重な時間」を創り出すことができます。

「一日、五時間はかかっていた勉強が、四〇分程度ですむようになった」。そんな高校生もいました。幼児や小学生、中学生もそれぞれ、「超ＩＱ革命」の成果を日々体験しています。

必要とする勉強時間が「超ＩＱ革命」によって短くなれば、「自分がやりたいこと」に思う存分取り組む時間が生まれます。もっと他の興味あること、学びやスポーツや趣味などに没頭する時間も作れます。

そして、自分でどんどんやりたいことを工夫して実行する「自立学習」ができる子どもがどんどん生まれてくるのです。そんな子どもたちはこれから未来に向かって、「自分の力で」さらに大きな可能性を見いだすでしょう。

「右脳と左脳の革命」＝「超ＩＱ革命」は、子どもたちにとって「未来の革命」でもあり、無限の可能性をも意味しているのです。

「脳の黄金期」に子どもはどんどん進化する

人間の精神発達には段階的な時期があります。乳児から幼児、そして、小学生、中学生と、それぞれの段階を踏まえて発達します。この段階をきちんと把握して教育することで、子どもの発達は目覚ましいものになります。

たとえば、二歳の子どもは「あした」または、「あさって」という時間の意味がわかりません。「あした、遊園地にいこうね」といって、約束をほごにしても、それほど怒ったりもしません。

ただし、中には早熟な子どももいますから、どの子にでもそのごまかしが通用するというわけではありませんが。

さらに、「あさって」のこととなると、二歳児では、それがいつのことなのか理解できないことも多いのです。

けれども、四歳くらいでは、「あした」も「あさって」もしっかり把握できるようになっているので、約束を守らないと「約束したじゃないか！」と激しく抗議するようになりま

「脳の黄金期」に子どもはどんどん進化する

す。

フランスの心理学者、ジャン・ピアジェは、子どもの精神の発達時期を大きく四つに分けています。

第一期は、「感覚運動的知能の時期」といいます。誕生後から二歳ごろまでは、「反射＝生得的行動様式」を基礎として環境に対応し、同化していきます。

第二期は、「前操作的表象の時期」といいます。二歳から七、八歳くらいまで、第一期の「反射＝生得的行動様式」を基本として、「保存＝質量保存」の概念を形成しますが、まだ論理的思考はできません。

この第一期と第二期は、子どもの脳力のベースを作り上げる時期です。幼少期には、特に右脳的な刺激を与えることがもっとも重要です。これから生きていく子どもの土台づくりをするからです。

ですから、右脳優位から左脳優位へと移行するこの時期は、右脳に大量インプットをしてやることが大切なのです。丸暗記は、この時期の得意芸ですから、遊びとしてどんどんやらせましょう。

その上で、幼稚園に上がるころから、左脳を鍛える取り組みをします。のちに能力開発

子どもの精神の発達時期

第一期

感覚運動的知能の時期

（誕生後～2歳）

「反射＝生得的行動様式」を基礎として，
環境に対応し，同化していく。

第二期

前操作的表象の時期

（2歳～7, 8歳）

「保存＝質量保存」の概念を形成するが，
まだ論理的思考ができない。

第三期

具体的操作の時期

（7, 8歳～11,12歳）

論理的思考ができるようになる。
概念の範囲の順番にことばを並び替えることができる。

第四期

形式的操作の時期

（11,12歳～）

数や論理の上だけで抽象的思考するということを学び，
より高度な学習体系に入る。

をする受け皿をつくるのです。

ただし、右脳の取り組みを軽視すると、のちに伸びる器づくりに支障をきたすので、十分に注意してください。

第三期は、「具体的操作の時期」といいます。七、八歳から一一、一二歳くらいまでの時期で、このころに論理的思考ができるようになります。

たとえば、スズメは鳥に含まれ、鳥は動物に、動物は生物にそれぞれ含まれるといった概念の範囲の順番にことばを並べ替えることができるようになります。

この頃は、なるべく具体物を見せながら学習をさせることが重要です。コップにあふれるくらいの体験が、今後の才能を伸ばす原体験になります。

子どもが何かに熱中しだしたら、とことんやらせる事が大切です。そのとことん体験が、後にやる気のマグマとなってあふれ出るのです。

最後の第四期は、「形式的操作の時期」といいます。一一、一二歳になると、言語や記号だけで正しい思考ができるようになります。おとなと同じような抽象的思考もできるようになる時期なので、小学校四年生くらいから論理的思考力を鍛えておかなければなりません。

やる気のマグマ

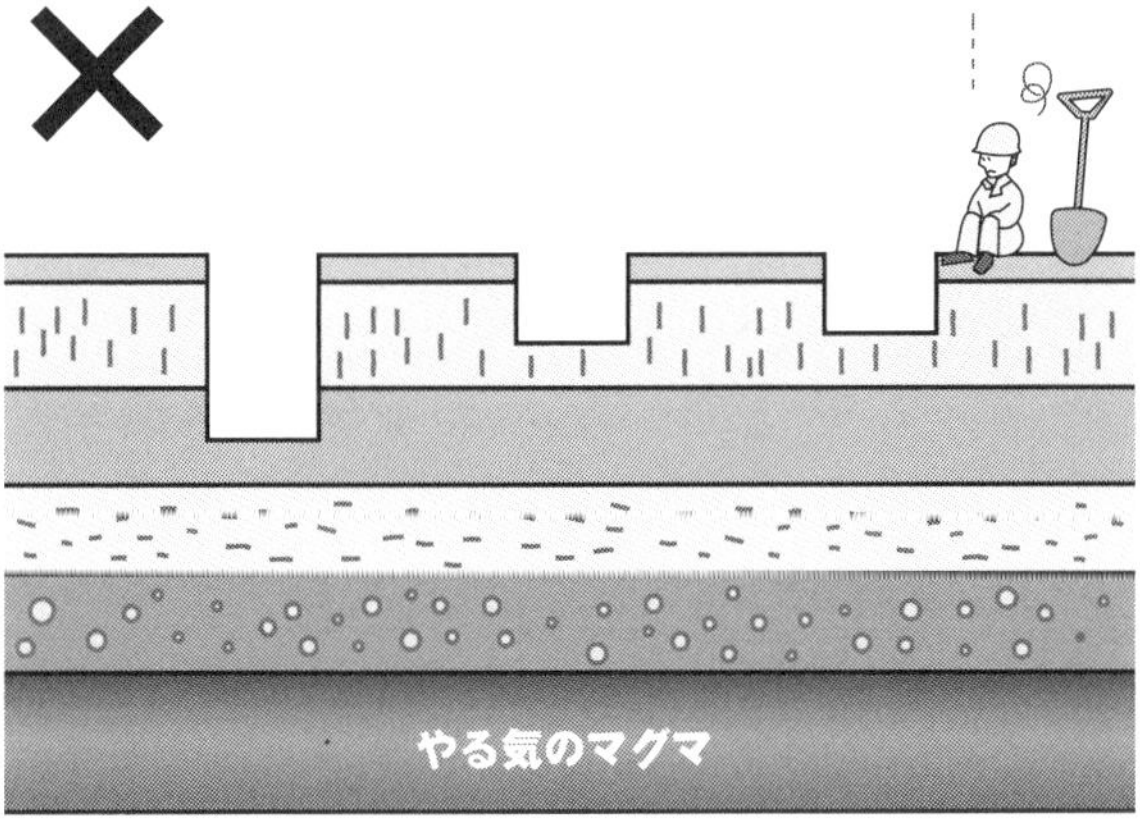
×
やる気のマグマ

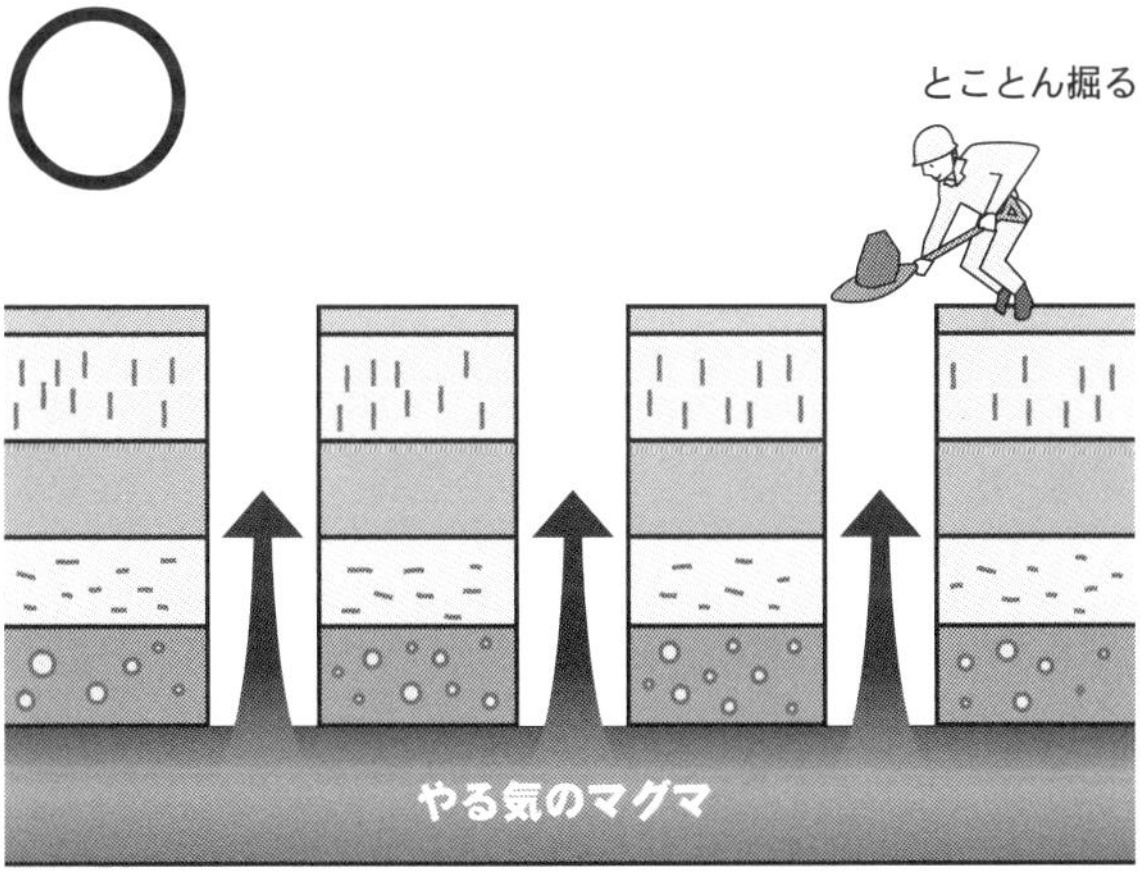
○
とことん掘る
やる気のマグマ

この時期になると、ようやく数や論理の上だけで思考するということを学びます。いままでは、すべて絶対的な数値でとらえていたものが、相対的概念（比較）を学ぶことによって、より高度な学習体系に入ります。分数や割合、比や、単位の換算も根本は同じ考え方です。

この時期は、子どもたちに刺激を与えれば与えるほど、脳は大きく育っていきます。ところが、この時期に「丸暗記」の勉強などをさせてしまっては、柔軟な思考力が伸びません。公式を暗記して問題に取り組むというようなことをしていたのでは、脳がかえって硬直化してしまいます。ＭＥＰでの算数は、中学受験を通して、あくまで柔軟な深い思考力を養成するためにつくられたプログラムなので、中学受験をしない子どもであっても、論理的思考力を伸ばすために必要なのです。

ヘーグルでは、前述したように、「ＭＥＰ（もっとも効率的な小学生のための中学受験システム）」を開発し、自立学習を確立するための教育をおこなっています。このＭＥＰを実践している子どもたちの中から、全国模試で一万五千人中一位を獲得する子どももあらわれています。

「一日二時間くらいしか勉強しませんでした」「他の習い事に打ち込んでいました」「春休

み、夏休みなど休みは楽しく遊びました」。そんな子どもたちが中学受験上位校にどんどん合格しています。

きちんと総合基本力を身につけ、自立学習できる力を養うことを第一においてください。そうすれば、本人が自覚を持ったときに大きな力を発揮します。

大切なのは、その時期や子どもの性格を親が冷静に待ってあげる力を持つことです。

※MEP＝MOST EFFECTIVE PRIMARY COURSE（もっとも効率的な小学生のための中学受験システム）

進化した「小さな子どもたち」の成果

子どもたちには、次々と「成果」が表れています。

◎二歳の男の子。短い本は自分で読めるし、何回か読んだら覚えてしまう。

◎二歳の女の子。紙に書かれている形や色をあてる遊びで、100%すべてあててしまう。

◎三歳の女の子。絵本を二、三回読むと、ほぼ記憶してしまう。

◎五歳の男の子。バイオリン、モーグル、ピアノ、絵画など本人が好きでいろいろと取り組み、すべてに成果が出ている。

◎五歳の女の子。一秒に一枚ずつフラッシュをして見せる七〇枚のカードは、二回見せればほぼ覚える。元素記号一〇九種類を記憶し、文章も何回か聞くと暗誦できる。

◎五歳の男の子。幼稚園で読んでもらった紙芝居「小さいおしろ」、七、八枚のものを記憶していて家で一気に描いた。

◎五歳の男の子。偉人伝の長文を二度ほど読んだだけで覚えてしまう。最近は、一〇一人の偉人伝を自分で読んで、文字を覚えている。

他の子どもたちも、クラスの九割ほどの子どもが、一〇一人の偉人伝を簡単に覚えて暗誦をしています。先生をやりながら、本当にスゴイ！　と感心しています。

確実に成果を上げるためのポイント

すでに触れてきたように、ヘーグルの教育は「自分で生きていく力をつける教育」です。そのために必要なのは、「自分の勉強のしかたを確立する」こと。そのステップを簡単にまとめると、次のような「学力を上げるメカニズム」となります。

1，「ＩＱ」を上げる

・潜在能力開発＝「ＩＱ（記憶力、計算力、理解力、イメージ力）」をつけ、「ＥＱ＝感情の豊かさ」を身につける。

2，勉強する気を起こす

・何のために勉強をするのか？　将来の目標を明確化する。

・子どもの精神年齢を上げる。

3，教科を好きにする

・魅力ある授業にすること。

・授業評価制や満足度チェック、教員の研修などによって、教員の力もアップさせる。ポイント指導をおこなう。

4，自学自習のスタイルを確立する

・規則正しい生活、部活と勉強の両立。集中した勉強をおこなう。

・補習システム、復習、予習可能なビデオ学習システム、コンピュータ学習プログラムなどの充実。

・知識の記憶力、計算力の強化。自分で考え自分で学ぶ力をつける。

5，テストの点数を上げる

・成果の確認をおこない、弱点を克服する。一〇〇点満点を目指す。

・教科ごとの教育理念とシラバス（カリキュラム）の確認をおこなう。

6，偏差値を上げる

・地域内順位を上げて、地域内トップを目指す。

・全国順位を上げて、全国トップを目指す。

7，希望する進路に進学する

・最新の受験情報（傾向と対策）を活用する。

以上のような「学力を上げるメカニズム」を作り上げ、提供すべく努力しています。

この中で基本として重要なのが、「勉強する気を起こす」ということです。「なんのためにやるのか」「どういうふうにやりたいのか」ということがはっきりしないと、まず、「モチベーション」が生まれません。結果として前出の大学生の例のように、「目的を見失う」ことにもなってしまいます。

基本路線の「3，自分がやりたいことをさせる」ということとも密接に関わってきますが、「やる気」がなければ絶対に伸びないのです。

中学校のある生徒に、ヘーグルの「PADメソッド」も小学生時代から受けてきて、明らかに「IQ」は伸びて勉強ができてもおかしくないのにできない、という子がいました。「IQ」は伸びても、その潜在能力を発揮できていなかったのです。とにかく、勉強をしなかったのです。

ある時、その生徒と「きみは将来、なにをやりたいの」という話をしました。すると、「国際線のパイロットになりたい」というのです。そこで、私が「国際線の機長って何語で話すか知ってるの」と聞くと、「英語です」と。「じゃあ、英語をやらなきゃならないね」というやりとりをしました。

その後、三週間、その生徒はひまさえあれば英語を勉強していて、英語の成績がグングン伸びたのです。そればかりか、国語も倍近く、理科も二倍くらいの点をとるようになったのです。

「スイッチが入った」という例ですね。非常に単純な話ですが、こんなことでも「やる気」=「モチベーション」が作動しはじめるのです。一つの教科ができるようになると、「勉強が面白くなる」という段階に入ります。

ここからは、「自学自習」、そして、「自立」へとどんどん進化していきます。この進化はいったんはじまると、止めることができないほどです。だからこそ「ＰＡＤメソッド」が「超ＩＱ革命」にまで転化するのです。

究極の右脳の世界は厳しい

「ＩＱ」が伸びた、すなわち右脳も使えるようになって基礎能力が伸びた子の成績が上がらないわけをもう少し詳しく説明しましょう。

まず、基本的に勉強量が足りない場合は、そうなります。いくら器を鍛えても、そこに入れるものがほとんどなければ、結果は出てきません。

つまり、右脳はいわばターボのようなもので、もとの入力の大きさに対して出力を大きくする働きをしますから、入力の量に比例してしまう要素があるのです。

もう一つは、右脳が完全に使えるようになった場合、宇宙意識を使っての学習も可能となりますが、これには厳しい条件があり、左脳的にも真剣に学習をしていないと、門前払いを受けることがあります。

１％のインスピレーションとは、真剣に取り組む中に偶然のように見せかけながら現れるのであり、何の努力もしていない人のところには現れようがないというのと同じです。

この右脳の厳しさを知っている人は、ほとんどいないでしょう。

子どもだけじゃない、おとなも進化する！

ビジネスで成功するための「マルチ処理能力」

「超ＩＱ革命のメカニズム」は、おとなにとっても同様です。

1, 「ＩＱ」を上げ（=潜在能力「ＩＱ＋ＥＱ」をアップする）、
2, やる気を起こし、
3, その仕事を好きになり、
4, 自立したスタイルを確立する。

これで、ビジネスにおいても、すべてのプロジェクトはだまっていてもうまくいくはず

です。

「集中力」が身につくことで、作業の処理能力は確実にアップし、自ら新たなさまざまな作業を処理できるようになります。

勉強の場合もそうでしたが、人が「五時間」かかる作業を、「四〇分」で終わらせることができる、それが「処理能力が高い」ということです。なにか仕事を頼んで、ふつうなら一時間はかかるものを三〇分で完成させる人っていますよね。中には一五分で仕上げてしまう人もいるかもしれません。そういう人が「能力がある人」ということです。

頼まれた仕事を人の倍速、四倍速で仕上げてしまえば、あとは自分の仕事に集中することができます。新たな発想もどんどん生まれてくるでしょう。

さらに、「総合基本力」の一つでもある「イメージ創造力」をフルにつかって、「マルチ処理」をおこなうことで、さまざまな問題を同時に解決することもできます。じつは、会社の経営者や管理職として成功するためには、この「マルチ処理能力」は不可欠な能力なのです。

「マルチ処理」とは、タテに連なるものを単純に直列で処理するのではなく、たくさんのことを並列で処理できるということです。実際の仕事では、「これを片づけたら次の問題」

1つ1つを順序よく処理していく縦列型人間

同時並列マルチ処理型人間

というのでは、間に合わなくなることが必ずあります。

そういうときには、「マルチ処理」で一括して処理することが必要になります。そこで「イメージ創造力」が発揮されます。イメージですから、ほとんど無限に画像として認識することができます。それを同時に処理してしまいます。

それを、一般の人が見ることができる形にするのが「プリントアウト＝出力」の過程です。これで、一つの仕事はめでたく完成します。

この能力をさらに伸ばして、「大量に高速処理できる能力」にまで高めることが、ヘーグルのメソッドの特徴だと思います。

「能力化」されれば、あとはどんどん進化していきます。能力の伸びは、もうとどまるところを知らなくなり、「キャパシティ」が自己増殖的に拡大されるのです。

小四が憂える日本の教育の未来

ヘーグルの子どもたちの「進化」のしかたには、私たち自身が驚かされています。先日もこんなことがありました。

ヘーグルの生徒の一人が、私たちに「先生、この日本の教育でいちばん悪いことはなにかわかる?」といってきたのです。その子は、小四の女の子です。

「それは、なんですか?」と問い返しました。

するとと、「中学からも高校からも全部一つの線路しか敷かれていないことがいけないと思う」というのです。それはなにかというと「大学受験という線路」だと。

そして、さらにこういいました。

「とくに中学・高校の六年間、中間・期末のテストが年に五回、合計三〇回もあるために、短期目標だけを目指して勉強をしているのがよくない」というのです。

「これがあるから、中学生、高校生に『大きな志』が育たないのだと思います」と。なにしろ小四の子どもですから、まだ、「中間・期末テスト」というものを経験したこともないのです。

「なんでそれがわかるの?」と聞きました。

すると、その子は、「わかるよ」とだけ答えました。

子どもたちは、明らかに進化しています。こういう「進化している」子どもによけいな負担となるような「中学受験」などさせることが本当に本人のためになるだろうか、と私たち自身、疑問を感じることさえあります。

この世の中、「受験」だけではありません。「受験」のテクニックよりも、「総合基本力」をつけ「ＩＱ」を伸ばしに伸ばす、そういう能力を身につけた結果としての「本当の学力」をつけて欲しいのです。

「超ＩＱ革命」には、終わりがありません。なぜなら、「超ＩＱ革命」で能力が伸びた子どもたちは、いずれおとなになり、いまの私たちがおこなっているのと同じように「超ＩＱ革命」を世の中に広げていくと思うからです。

また、いまのおとなたちも「超ＩＱ革命」の波を受けて、どんどん影響を広げていけばいいと思います。第二章でもご紹介したように、おとなたちも「ＰＡＤメソッド」によって、どんどん進化していきます。

おとなになってこそ進化する

「受験」だけを目標とするのであれば、問題集をバンバンやればペーパーテストの正解率は高くなるでしょう。なんでも丸暗記してしまえば、試験ではうまくいきます。ところが、人生はそれだけではありません。

試験問題を解くだけでは「心」は育ちません。脳は豊かな心をベースとして育つものであり、心は、前述したように、勉強以外の「ムダに見える遊び」によってもっとも成長するのです。

実際の人生では、決まり切った解答だけではない、さまざまな波風が起こります。予測できない人生での出来事に、柔軟に対応できることも、「自分で生きていく力」の重要な要素です。

神奈川県・大磯で「こころの塾・道塾」を主催する境野勝悟さんは、『老荘思想に学ぶ人間学』（致知出版刊）でこんな話をしています。

境野さんは、以前、神奈川県のある有名私立進学校に勤務していました。中高一貫教育のいわゆるエリート校で、授業は詰め込み主義の「受験一本」の学校でした。生徒たちは実に素直に勉強し、有名大学にどんどん合格して有名企業や官庁などに就職していったといいます。

ところが、その「エリート校」の卒業生たちが、二七、八歳くらいになると、どうもおかしくなる人が目立つようになったというのです。

素直に、従順に教師のいうことをきいて東大などの有名大学を卒業し、就職し、結婚したあたりから、急に活気を失って「落伍」していくのだそうです。

中には、会社で順調に昇進しないと、たちまちやる気を失ってしょぼくれてしまう者もいました。係長に、課長になれなかったということを理由に自殺した者もいました。外務省の建物から飛び降り自殺したエリート官僚もいたそうです。

子どものころから「合格点」ばかりをもらってきた人間は、どこかで「失敗」すると即座に耐えられなくなってしまうのです。失敗に対する「免疫」がまったくない、ということでしょう。

そんな、教え子たちの姿を見て、脳の上っ面の「ペーパーテスト能力」ばかりを高める詰め込み教育に疑問を抱いた境野さんは、東洋の先哲の教えに「心」を学ぶ「こころの塾・道塾」を開くことを決意したのだといいます。

ヘーグルの教育では「心の教育」を重視します。「右脳と左脳」をフルに活性化する「超IQ革命」は、「心の知能指数＝EQ」まで豊かにする「心の革命」でもあります。人としてどんな素養を身につければいいのか、「ヘーグルメソッド」によって拡大した「キャパシティ」を活用して、何を学べばいいのかというところまでを指し示せば、あとは自分の力で学ぶことができます。

社会に出て、おとなになっても進化を続ける、いや、おとなになってからこそどんどん進化をする、そんな人材を育てることが私たちの理想なのです。

「PAD」が「未来の地球」を救う

ヘーグルの「能力を伸ばす理念」

ヘーグルは明確な教育理念を掲げています。

「わたしたちは、この教育を通して、世界全人類の幸福および発展に貢献できる人材を育てることを目標とする。グローバルな視点から冷静に物事を判断する判断力と、慈愛に満ちた思いやりと、果敢なる行動力を身につけた人間を不断なる努力で育成していく」

という理念です。「世界全人類の幸福および発展に貢献できる人材」というのが、すでに触れた「未来のリーダー」ということですね。この理念の中で、いちばんむずかしいのは、「果敢なる行動力」を身につけることでしょう。

「行動力」は、自分で積み上げていくしか方法がないと思います。自立自学するうちに、自然に「実践」の中から必要な発想を学び、「行動力」が備わってくると思います。

そんな「リーダーとしての能力」や「判断力」「行動力」などを引き出すための具体的な課題として、私たちは、「子どもの才能を〝笑顔〟で引き出す八つのポイント」を提起しています。

この八つのポイントについては、小冊子を発行していますので、詳しくはそちらをご参照下さい。

1，長所進展法で育てる

まず、子どもの長所をぐんぐん伸ばすことで、子どもに大きな自信をつけさせます。その自信がエネルギーとなって、こどもの「やる気」が引き出されます。その力がやがて、苦手な分野をも克服してしまうのです。

2，個性を重視し、他人と比較しない

子どもが目をキラキラと輝かせながら、その子が持っている可能性を最大限に発揮できるようにすることが大切です。他の子と比較するのは禁物！　その子の個性を見つめ、その子にしかない才能の芽を育てていきます。

3，偏差値教育、学歴偏重教育のジレンマに陥らない

子どもらしさを失わず、好奇心に満ちた目で何事にも取り組めるような指導をします。こうして、心の力を高めながら、同時に学力も伸ばすことができるのです。

4，減点法でなく、加点法で育てる

加点法とは、子どもに対してプラスのモチベーションをうながすことで、プラスのイメージ、考え方を養うことです。それによって、「できると信じる能力」＝「自己のイメージ」ができあがり、何事にもチャレンジしていく力が生み出されます。

5，見せかけの姿の裏にある子どもの「善」の姿を見て育てる

子どもの「真の姿」が見えていますか？　子どもはお父さんやお母さんをいつも喜ばせ

たいと思っています。子どもの心の奥にある「善」の心を認めてあげましょう。そうすることで、子どもはもっと元気に大きく育つのです。

6，成長過程における特徴を知りながら育てる

子どもはいつも順調に育つのではありません。反抗したり、わがままをいったりしながら、やがておとなになっていくのです。そんな節目の時期を上手に過ごすコツを学びましょう。

7，親や指導者の、子どもに対する思い込みが結果を左右する

子どもに対するおとなや親の思い込みが子育てに大きく影響します。「あなたなら大丈夫」「きみならきっとできるよ」という思いが子どもの可能性を広げ、自信へとつながっていきます。

8，子どもの存在自体を尊重し、「認めてあげる」

子どもも立派な一人の人間です。「愛されたい」「認められたい」という人間本来の欲求を持っています。まず子どもの存在を認め、自分がいわれてうれしい「ことばがけ」、「やる気のでることばがけ」をすること。それが何より、子どもが持っている本来の能力、可能性を引き出すのです。

「八つのポイント」は、それぞれ本書でここまでにご説明してきた内容ばかりですね。中でも、「ポイント1」の「長所進展法」はもっとも重要です。「いいところを見つけ、ほめて、伸ばす」ということがなんといっても基本だと思います。

「助言をする人」として「メンター」という存在があります。古代ギリシャの詩人であり歴史家・ホメロスの『オデュッセイア』に登場する指導者のことです。メンターは、命令したり、指示をするのではなく、対話と助言によって人を育成します。「長所進展法」の考え方は、その方法に近いでしょう。

子どもは、親や先生など、まわりが認めてあげた能力しか発揮しないことが多いのです。また、自分の存在自体を認めてくれる家族、認めてくれる先生の前でしか能力を見せないこともよくあります。このことは、「ポイント7」の「思い込み」や「ポイント8」の「認めてあげる」ということとも重なってきます。

この「八つのポイント」と「理念」とを基本として、ヘーグルは、「グローバルに行動する未来のリーダー」を創り出したいと思っています。

無限に伸びる子どもたちの能力を借りないと、未来の地球は人類にとって生存に適さないところになってしまうかもしれません。さまざまな困難な「地球的な問題」を解決する能力を身につけるためにこそ、「超ＩＱ革命」は幅広く「グローバル」に進められなければならないのです。

みんなの意識で「地球温暖化」を防ぐ

ちょっと唐突かもしれませんが、「グローバルな問題」の例として「地球温暖化」について考えてみたいと思います。

「地球温暖化」の進行は「地球的な問題」の代表ともいえるでしょう。なんとしても地球温暖化を防がねばならないという時期がいよいよ切迫してきています。これから二〇年、三〇年経ったとき、地球環境が「後悔してももう遅い」、という破滅的な状態になることが目に見えてきているのです。

北極や南極の氷が溶けすぎて、生態系に大きな影響を与えたり、サンゴ礁の島国が「水没する」という危機に瀕していることは、テレビや新聞などのメディアで繰り返し伝えられています。

巨大なハリケーンの多発や局地的な豪雨による洪水、極端な暖冬や猛暑、かと思うと、観測史上にない寒波の来襲、などなど、気候への不気味な影響も世界中で起こりはじめているようです。

ここにきて、これまで産業界や財界の圧力に屈したためか、国際的な「地球温暖化防止」の協調的対策に消極的だったアメリカも、さすがに独自の対策をおこなうという姿勢を見せはじめています。

ところが、そのアメリカの対策の一つが、「宇宙に衛星を打ち上げて、太陽の光を反射し、地表の温度を調節する」という計画だという話を聞いたことがあります。地球周辺の宇宙空間は、いま、すでに人工衛星やロケットの部品など「ゴミ」だらけになっているといわれているのに、さらにそんなものを打ち上げたら、宇宙の「ゴミ」問題は、ますます深刻化してしまう可能性があります。

もちろん、アメリカの温暖化対策はそれだけではなく、「自然エネルギー発電」や「バ

【地球温暖化の解決法】

左脳人間の解決法

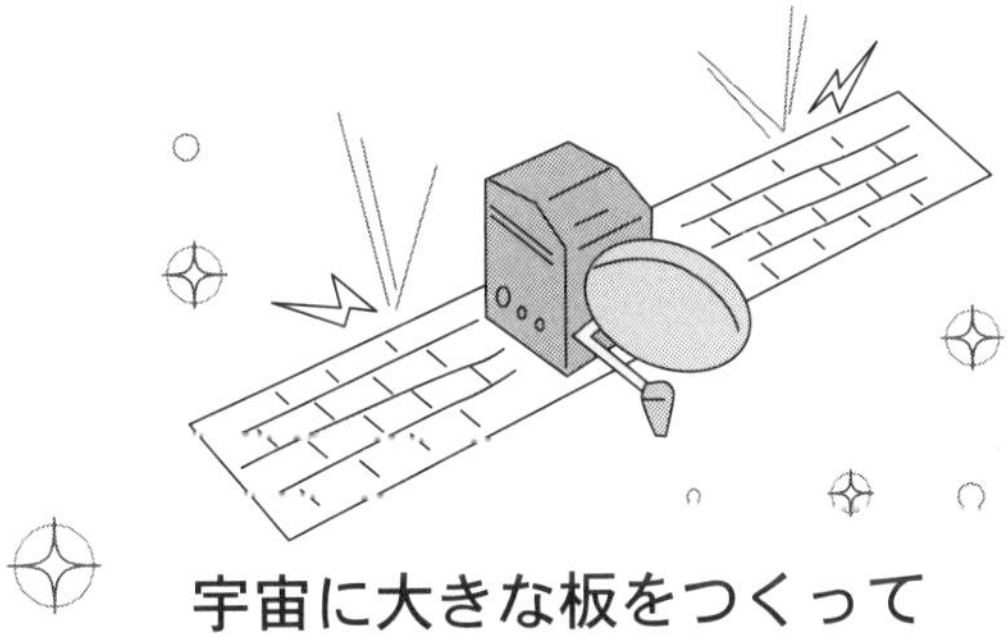

宇宙に大きな板をつくって
地球温暖化を阻止

右脳人間の解決法

みんなのイメージを合わせて
二酸化炭素をコントロールする

イオ燃料の推進」なども考えられてはいるようですが。どうも、「左脳」だけの発想で「対策」が進められていそうで心配なのです。

じつは、ヘーグルの子どもたちも、地球温暖化については心配をしていて、「みんなの力で止められないだろうか」とイメージの中で「地球環境」に対して「意識」をみんなで送ってみたりしているようです。

不思議なことに、この冬は暖冬だったのに、子どもたちが「意識」を送ってからしばらく、東京近辺の気温が心なしか下がったようだという人もいます。

もちろん、東京の気温を下げるというより、地球全体の大気中の二酸化炭素などの「温室ガス」の効率的な削減方法を考えなければなりませんから、今後、そんなことも子どもたちと話していかねばなりません。

ヘーグルが未来に残せるもの

「没頭する」という「人生の宝物」

小学生の時期というのは、とても大事なひとときであるとともに、成長する中でも非常に特殊な時期です。

その時期のいちばんの特徴は、「ストレスが少ない時期」だということです。人の一生の中でも、もっとも死亡率が低い時期でもあります（とくに高学年）。

小学生には、ふつう、「明日、なにを食べたらいいだろうか」といった心配がありません。生きていくこと自体に不安を持つ子どもは、この豊かな日本社会では、それほど多くはありません。

それに、性的な発達を迎える前なので、異性を必要以上に意識するということもなく、まだ、「自我」に目覚める年齢でもないので、「自分探し」＝アイデンティティを探し求めるということもありません。

そのために、どんな相手でも比較的にたやすく受け入れることができ、父親や母親が、強く「こうしなさい」といえば、さほど抵抗せずに従います。

二つ目の特徴は、おとなと幼児が同居しているということです。あるときには、とてもおとなびたいい方をして、まわりを驚かせますが、その同じ子どもが、まるで幼稚園児のような態度、行動をとることもあります。

こうした、予測のつかない言動に、周囲のおとなたちが振り回されてしまうこともよくあります。

なによりも大切なことは、この時期は「自分の好きなことに没頭できる」という環境が手に入りやすい時期だということです。

いちばん大事なのは、「没頭すること」＝「夢中になれる力」です。中学生、高校生となり、おとなになると、この小学生の時期ほど「没頭する」チャンスがなくなります。小学生の時期なら、やりたいことのためには、食事や宿題も好きなテレビ番組を見ることも、全部忘れて没頭できるのです。

性，年齢（5歳階級）別死亡率：1920～2003年

（%）

年齢	1920年	1930年	1940年	1950年	1970年	1980年	1990年	2000年	2003年
男									
総数	**25.7**	**18.6**	**17.4**	**11.5**	**7.7**	**6.8**	**7.4**	**8.6**	**9.0**
0～4	72.0	47.1	37.4	20.9	4.3	2.2	1.4	1.0	0.8
5～9	6.2	4.1	3.9	2.2	0.6	0.3	0.2	0.1	0.1
★10～14	3.9	2.7	2.7	1.2	0.4	0.2	0.2	0.1	0.1
15～19	10.7	7.3	8.2	2.5	1.1	0.7	0.6	0.5	0.4
20～24	13.8	9.2	12.2	4.9	1.3	0.9	0.8	0.7	0.6
25～29	13.5	7.8	9.2	5.7	1.4	0.9	0.7	0.7	0.7
30～34	13.8	7.0	7.8	5.4	1.7	1.0	0.8	0.9	0.8
35～39	13.8	7.9	8.1	6.0	2.5	1.6	1.2	1.1	1.1
40～44	15.1	10.2	9.7	7.2	3.5	2.5	1.8	1.8	1.8
45～49	17.7	14.3	13.5	9.6	5.0	4.4	3.2	3.0	2.9
50～54	24.5	20.0	20.1	13.7	8.0	6.3	5.1	4.7	4.0
55～59	32.0	28.8	28.8	20.9	13.2	9.2	8.7	7.5	7.0
60～64	47.4	43.4	43.0	31.7	21.8	15.1	13.2	11.3	10.3
65～69	70.2	61.9	62.6	51.7	37.5	25.3	19.5	18.2	16.5
70～74	103.0	96.4	96.1	78.6	60.9	43.6	33.3	28.8	27.3
75～79	151.7	138.3	139.2	114.6	98.2	75.5	58.0	45.8	43.6
80～84	217.8	203.2	208.2	178.2	151.3	122.6	100.2	80.8	74.0
85～89	241.0	280.6	243.7	259.2	232.6	190.4	165.5	132.1	127.6
90～94		364.9		407.6	283.1	284.6	252.1	207.3	215.2
95～99		344.7		421.7	460.0	399.6	366.8	305.0	
100歳以上		774.2		640.3	585.1	574.9	566.8	482.1	
女									0.0
総数	**25.1**	**17.7**	**15.6**	**10.4**	**6.2**	**5.6**	**6.0**	**6.8**	**7.2**
0～4	66.8	42.6	33.8	19.2	3.2	1.7	1.1	0.8	0.8
5～9	7.2	4.4	4.0	2.0	0.4	0.2	0.1	0.1	0.1
★10～14	5.9	3.8	3.4	1.2	0.3	0.1	0.1	0.1	0.1
15～19	13.9	8.7	8.4	2.5	0.4	0.3	0.2	0.2	0.2
20～24	17.0	10.1	9.2	4.4	0.7	0.4	0.3	0.3	0.3
25～29	17.0	8.9	8.4	5.1	0.9	0.5	0.3	0.3	0.3
30～34	15.7	8.6	7.8	4.9	1.0	0.6	0.5	0.4	0.4
35～39	14.5	9.2	8.3	5.3	1.4	0.9	0.7	0.6	0.6
40～44	13.9	9.7	8.9	6.0	2.1	1.3	1.0	1.0	0.9
45～49	13.5	10.7	10.1	7.5	3.1	2.1	1.7	1.5	1.4
50～54	17.6	13.7	14.0	10.3	4.8	3.3	2.5	2.3	2.2
55～59	22.7	18.7	18.4	14.4	7.5	4.9	3.7	3.2	3.0
60～64	33.5	28.1	27.3	22.1	12.2	7.8	5.7	4.7	4.3
65～69	50.4	42.4	41.5	35.7	21.0	13.4	9.4	7.5	6.8
70～74	78.7	69.6	70.0	56.3	37.5	24.8	16.9	12.5	11.6
75～79	118.5	106.5	108.7	87.3	67.3	47.4	32.0	22.7	20.5
80～84	184.3	160.7	173.6	143.1	115.5	87.7	62.1	43.4	39.4
85～89	192.4	237.0	200.1	217.7	192.6	151.1	117.6	82.0	76.9
90～94		320.2		332.2	268.7	244.6	197.5	143.0	155.5
95～99		212.0		305.3	422.7	381.4	308.8	231.6	
100歳以上		837.9		541.8	677.9	491.3	468.7	373.8	

1920～30年は内閣統計局『日本帝国人口動態統計』，1940年以降は厚生労働省統計情報部『人口動態統計』に基づく性，年齢別死亡数の性，年齢別人口1,000に対する率である。1920～40年は日本に在住する外国人を含む総人口を，1950年以降は日本人人口を分母としている。年齢不詳は，既知の年齢別数値の割合に応じて按分補正したものを用いた。なお，1950～70年は沖縄県を含まない。総数には年齢不詳を含む。

親たちは、たとえば、スポーツや趣味に没頭する我が子を見て、「それを勉強に向けてくれれば……」などといってしまいがち。ところが、この「没頭すること」がのちのち、小学生の時期に経験したもっとも貴重なこととなるのです。

人生において、いちばん屈託なく過ごせて、いちばん楽しい時期に、「我を忘れて没頭した経験」＝「集中してなにかをやった経験」を持ったかどうかは、その後のその子の人生に大きな影響を及ぼすでしょう。

小学生期は「心の安息地」

カウンセリングなどで、おとなに対して、「あなたの人生の中で、もっとも楽しかったころに戻ってください」というと、ほとんどの人が一〇歳くらいの子ども時代に戻りたいといいます。

その頃が、きっと無心に自分の好きなことができた時期なのでしょう。その時期に戻ることで、おとなになったいまも「心の安定」が得られるのです。心の中の、人それぞれが抱いている安息の地です。

それは、気持ちが落ち着く「故郷」のようなものでもあり、心が癒される場所でもあります。そこにときどき戻ることで、「心のバランス」をなんとか保っているのかもしれません。

小学生の時期は、そんな大切な時期なのです。それなのに、親の価値観を押しつけたりして、本人の意思を無視して強制的に勉強させたり、いやな体験をした記憶を残してはなりません。

好きなことが伸び伸びとできる、そんな体験が確実に子どもたちの能力を伸ばします。親は、その環境を整える努力をして、静かに見守ってあげればいいのです。

人の親であれば、だれでも子どもの能力をできるだけ伸ばしてあげたいと考えているでしょう。ところが、「バランスよく能力を伸ばすこと」、これがなかなかむずかしいわけです。

子どもの「心」と「能力」は親の教育方針や生活の面に問題点があることによって、ゆがんでしまうことがよくあります。

子どもの「ＩＱ」を伸ばし、「潜在能力」を引き出そう、と考えるときにも、あくまで「子どものために」「子どもの立場で」「子どもの気持ちになって」向き合わなければなりません。このときバランスを欠くと、かえって子どもの能力をつぶし、未来の可能性の芽を摘んでしまうことになってしまいます。

ヘーグルのメソッドは、子どもたちの心に、「安息の地」を築くものでなければならないと考えています。

「一〇〇〇〇輪」咲く「アサガオ」のタネ

ヘーグルが未来に残すものは、いうまでもなく「子どもたち」です。子どもたちはみんな「天才」になれます。そして、地球と人類の「未来」を間違いなく切り開いてくれるでしょう。

いま、ヘーグルが「中学校」などさまざまなチャレンジをおこなっているのは、子どもたちの未来のための「ステージ」を作るステップです。「ステージ」がなければ、どんな「天才」であっても発揮することができません。

また、「天才」とは、「天から与えられた才能」ですから、すべての人にあります。「天」はすべての人に平等なのです。

それが花開くかどうかは、私たちが提唱する「総合基本力」、そして、「集中力」が発揮できるかどうかにかかっています。

「潜在能力」を引き出して、『レベルの高い集中力』が発揮できるようになれば、「天才」を開花させることができます。自分がやりたいこと、楽しいこと、そして、地球と人類にとって重要なことをどんどん実現していくことができるようになるのです。

ヘーグルの「ＰＡＤメソッド」が創造するものは、子どもたちの未来であると同時に、この花開く「天才」だといえるでしょう。

ヘーグルの教育で、子どもたちは必ず「力」を身につけています。あとは、それを自分自身で「咲かせようと思うかどうか」にかかっています。

考えてもみてください、一二歳の子どもたちに人間としての『完成形』を求めることは「無理」なことです。いろいろな子がいます。遅い子もいれば、早い子もいます。なにも急ぐことはありません。ゆっくりと「天才」を育めばいいのです。

二〇〇七年春におこなわれたヘーグルのイベントに参加されたみなさん全員に、「アサガオ」のタネを配りました。

このアサガオのタネは、私たちの自宅の庭に咲いた花からとったものです。買ってきたものではありません。

このアサガオは、ちょっとすごいのです。なんと、たった「四粒」のタネで一〇〇〇〇輪以上の花を咲かせたのです。軒先から地面までアーチを描いて「アサガオのじゅうたん」のようになって朝から日が沈むまでしっかりと大きな青い花を咲かせます。

太陽のほうに向かってブワーッと咲くさまはまさに壮観で、奇跡を感じさせます。そして、夜になると花はつぼみますが、つぼんだ花は、なんとピンクに変わるのです。

このアサガオは、本当に遅咲きで、九月になっても咲きませんでした。葉っぱばかりが茂っているので、私はつい、「もう切ったほうがいいんじゃないか」などといってしまったくらいです。

四粒のタネから、親指くらいに太くなった幹が伸びて、からみあって、まさに「ジャングル」のようになっていたのです。

けれども、「伐ってはいけない」という強力な反対の声があったのでそのままにしておいたら、九月の後半から咲きはじめました。次々と花開いて、一〇〇〇〇輪以上、それまでの遅咲きのエネルギーを一気に放出するように咲き誇りました。

それから一二月まで咲いて、霜が降りるころまで延々と、パンジーといっしょに咲いて

10000輪のアサガオ

いました。

子どもたちにはぜひ、こうなって欲しいな、と思います。いつか、一〇〇〇〇輪以上の大輪の花を咲かせて欲しいのです。子どもたちには、そして私たちおとなたちにも、「花開く能力」がきっとあるのです。

あとがき

いままで、何冊かの本や小冊子を書いてきましたが、今回初めてわがヘーグル教育の本題である【潜在能力開発】というテーマでの本を書きました。

皆様は、この本を読み終えてどのようなご感想をお持ちになったでしょうか。

この潜在能力開発というのは、とても奥が深いものです。

私たちは、二五年ほど前から教育現場に立っております。最初の頃は子どもたちの学習指導を中心に活動をしていたのですが、潜在能力の開発に携わるようになってからは、その虜になってしまったというのが正しい表現かも知れません。

従来のいわゆる左脳教育（通常の教科指導等）では味わえない、教育者の醍醐味といえるような感動が毎日あるのです。

通常は、教える側が十の力を出して指導したとしても、それに対する学ぶ側の結果は三であったり四であったりすることが多く、十の結果が出ることは少ないと思います。確かに十であったり十五であったりすることもありますが、それはまれなことです。

それに対して、【ヘーグル式右脳教育】は十の力で百や千の結果が出ることは珍しくありません。それどころか、教える側が予測していないことまでもが起きてしまうのです。人間の能力とは、ここまで伸びるのだという驚きをずっと持ってきました。これは、誇張でも何でもなく事実なのです。

その驚きを多くの人に伝えて、人間が持つ可能性の扉を閉じてしまうことなく、次から次へと開けていって欲しいというのが私たちの想いです。

「人間は、信じることからはじまるのか、疑うところからはじまるのか」といった命題の答えは、難しいと思います。しかし、教育においては、前者でないと、うまく能力は引き出せません。あると思うから引き出しを開けるのです。

本書の目的は、「人間には、とてつもない能力があるのかもしれない」と感じていただくことです。「それがどうして起こるのか?」「なぜ、そうなるのか?」などと考えずに、「そういうこともあるかもしれない」と、軽く受け止めていただきたいのです。

そのように考えることができれば、次の可能性が生まれてきます。

実は、本書で書いたことは、初歩レベルのこと、いわば入門編です。実は、もっともっと深い世界があるのです。いや、深い世界があるからこそ、このような成果が出せるのです。

ですから、この本を執筆する前から、出版社との打ち合わせで「五冊で完結するような本にしましょう」ということになっていました。著者と読者がお互いに成長していく中で、次の扉を一緒に開けていきたいのです。

また、総合法令出版の竹下氏と関氏には、多大なるご理解とご協力をいただき、本書を世に送ることができました。この場を借りて感謝の意を表したいと思います。

次の本で、読者の皆様とお会いしたいと思います。お楽しみにお待ちいただければ幸いです。

合掌

平成一九年六月二三日

逸見 浩督
宙偉子

参考文献・資料

『EQ―こころの知能指数』ダニエル・ゴールマン　土屋京子訳／講談社
『老荘思想に学ぶ人間学』境野勝悟／致知出版
『脳から老化を止める』高田明和／光文社
『ひらめきすぎる人々』ロクスケ／VOICE
『SQ　魂の知能指数』ダナー・ゾーハー他　古賀弥生訳／徳間書店
『理数教育が危ない！』筒井勝美／PHP研究所
『朝日新聞』二〇〇七（平成一九）年四月八日朝刊
NPO法人サイモントンジャパン事務局ホームページ

逸見浩督
（へんみ　ひろただ）
ヘーグル逸見総合教育研究所　理事長
学校法人日本航空学園理事
日本航空高等学校付属中学校　校長代行

昭和６１年に東京都府中市に成智ゼミナール府中中河原校を設立。

昭和６２年に東京都日野市に二校目の成智ゼミナール豊田旭が丘校を開校。

平成元年に東大アカデミーに塾名を変更。

平成４年東京都立川市に右脳教室を設立。

平成１２年にヘーグル逸見総合教育研究所を設立。同時に中学校受験の今までの常識を根底からくつがえす独自の思考力開発法MEPプログラムを開発。

平成１８年４月ヘーグル立川本部校へ名称変更。学校法人日本航空学園ヘーグル中学校を山梨に開校（平成１９年６月より、日本航空高等学校付属中学校ヘーグル特進コースに校名変更）。現在まで１万人以上もの生徒を指導。目覚しい成果を上げている。胎教から成人までの才能開発に定評がある。特に『親と子の共育大学』『潜在能力開発講座』などのレクチャーの評判は抜群で、全国から受講者が後を絶たない。

逸見宙偉子
（へんみ　るいこ）
ヘーグル逸見総合教育研究所　代表
日本航空高等学校付属中学校　副校長

三菱銀行、大手ハウスメーカーインテリアチーフを経て、平成元年より東大アカデミーに参画。平成９年、世界で初めて波動を使った速読法を実現させる。

平成４年東京都立川市に右脳教室を設立。

平成１２年にヘーグル逸見総合教育研究所を設立。同時に中学校受験の今までの常識を根底からくつがえす独自の思考力開発法MEPプログラムを開発。

平成１８年４月ヘーグル立川本部校へ名称変更。学校法人日本航空学園ヘーグル中学校を山梨に開校（平成１９年６月より、日本航空高等学校付属中学校ヘーグル特進コースに校名変更）。現在まで１万人以上もの生徒を指導し次々に右脳を開かせる。ヘーグルの様々な潜在能力開発プログラムを開発した、テレビ出演多数の名物先生。自らも授業を担当する中、現在は様々な教育事業を展開しており、全国から指導を仰ぐ受講者が次々と集まってきている。

マスコミ取材歴

◎ＴＶ

1994年9月23日　テレビ東京系全国12局ネット
「ナビゲーター94」
1995年6月6日　中部日本放送「名古屋発！新そこが知りたい」
1997年4月20日　フランスＴＶ　M6「Education precose」
1997年6月17日　ＴＢＳ系全国28局ネット
「所さんの20世紀解体新書」
1998年3月3日　ＴＢＳ系全国32局ネット
「ウンナンのホントのトコロ」
※ヘーグルより『波動読み』誕生
2002年2月2日　テレビ朝日系全国25局ネット「これ　マジ？！」
2006年5月15日　NHK「おはよう日本」
2006年11月26日　フジテレビ系全国ネット「スタ☆メン」

◎新聞雑誌

・教育新聞（2002年2月14日号）
・月刊「致知」（2004年2月号）
・週刊ダイヤモンド（2005年9月24日号）
・United Spirits vol.2（2005年9月号）

◎主な講演

・JC日本青年会議所
・青木フォーラム
・ＴＰＩ本社（アメリカ・シアトル）
・ＴＰＩ世界大会・岐阜

著書

『受験突破の新・思考力開発』（たま出版）
『人生の教科書　第1巻』（総合法令出版）
『人生の教科書　第2巻』（総合法令出版）

ヘーグル教育の概要とお問い合わせ先

◎胎教コース
全４回で完結。年に３～４回実施。

◎幼児（０才）～小・中・高校生
毎週一回のペースで行われるレギュラー授業。

◎小１～大人の４日間集中型潜在能力開発（ＰＡＤ）コース
ＰＡＤ高速学習講座（基本トレーニングコース・記憶実践コース）
ＰＡＤ初級ベーシックコース
ＰＡＤ初級アドバンスコース
ＰＡＤ中級コース
ＰＡＤ上級コース

◎中学受験コース
Ｐｒｅ－ＭＥＰコース（小１、２）
ＭＥＰコース（小３～小６）

超ＩＱ革命

2007年7月21日　初版発行
2007年9月14日　2刷発行

著　者　逸見浩督　逸見宙偉子
発行者　仁部　亨
発行所　総合法令出版株式会社
〒107-0052　東京都港区赤坂1-9-15
日本自転車会館2号館7階
電話　03-3584-9821㈹
振替　00140-0-69059
印刷・製本　中央精版印刷株式会社

ISBN978-4-86280-020-6